人，為何而生？為何而活？

なぜ生きる

人生的大哉問——人為何而活？
是你無法逃避的生命課題！

明橋大二
伊藤健太郎
高森顯徹——著
《人，為何而生，為何而活》翻譯組——譯

目錄

序

我列出一張單子，
左邊寫著活下去的理由，
右邊寫著離開世界的理由，
我在右邊寫了很多很多，
卻發現左邊基本上沒有什麼可寫的……
……
是的，
比起任何一個還要忍受飢餓、乾渴、瘟疫的同齡人，
我真的覺得自己很幸福，但這是相對的；
二十年回憶中真正感到幸福的時刻屈指可數……
……

如果人死的時候，可以許一個一定會實現的願望，
我也許會許下，
讓所有人更加快樂吧……

這是一名跳樓自殺的北京大學女學生留下的遺書。正值青春飛揚的年紀、身處名牌大學的校園，爲何她卻感受不到人生的「快樂」和「幸福」，甚至找不到「活下去的理由」……

根據台灣自殺防治學會和全國自殺防治中心，二〇〇九年針對兩千一百二十七名十五歲以上的人進行調查，有百分之十九點七表示曾有認眞想自殺的經驗，其中有百分之十六點一會採取實際自殺行動，顯示有相當比例的人曾有自殺問題的困擾。另外，無論是以前所未有的速度在迅速發展的中國，還是早就躋身已開發國家行列的日本，自殺率都超過世界平均數的兩倍。自殺人數的增加正成爲日益嚴重的社會問題。

現代人享受著幾百年前無法想像的豐富物質生活。隨著科學的發展，人類增強了改善生活環境的能力，平均壽命也得以延長。然而，人們因此變得更加幸福了嗎？事實上，現代社會爲恐怖主義、殺人、自殺等諸多問題所擾，遲遲找不到解決這些問題的根本方案。

科學的進步固然使生活變得更便利，卻並沒有爲我們帶來眞正持久的幸福和發自內心的滿足。相反地，現代生活往往只是加深了人們精神上的孤獨、寂寞和空虛。

身體健康，生活富裕，爲什麼心靈卻得不到滿足呢？

兩千五百多年前，印度的釋迦牟尼佛也懷著同樣的疑問，開始探究人苦惱的根源及獲得幸福的眞實之路。

他身爲太子，自幼才華出眾、文武雙全。長大後又娶全國第一美女爲妻，生活安定而富足。但是他並未因此感到快樂和幸福，反而終日悶悶不樂。因爲他清楚地知道，儘管此刻自己的確擁有健康、財產、地位、名譽、家庭、才華……然而終有一天，這一切都將會失去。這世上的任何幸福，都無法戰勝衰老、疾病和死亡。

了解人生的這個「實相」，他再也無法感到安心和滿足。爲了追求眞正的幸福，二十九歲時他悄悄離開都城去山中修行。六年後，他終於徹悟了所有人痛苦的根源以及獲得永恆幸福的眞實道路，成爲佛陀。

釋迦牟尼佛的答案是超越時代的眞理。無論什麼時代的人，都會遭遇自己或者親人突患急病的悲劇，即使擁有熱中的事業或愛好，也會由於年老力衰而無法繼續下去。面對死亡時，更是不得不與所愛的一切分離。人生究竟有沒有永遠不會背叛自己、值得一生追求而無怨無悔的幸福呢？

釋迦牟尼佛明確指出什麼是永恆的幸福，並終其一生教導我們——唯有這永遠不會崩潰的幸福才是人生的目的，無論多麼痛苦，直到達成這個目的爲止都要堅強地活下去。將這一教義之精髓在日本發揚光大的，正是開創了淨土眞宗的親鸞聖人❶。

以下皆為譯註：

❶親鸞聖人（一一七三至一二六二）：日本鎌倉時代人。幼年時父母早逝，九歲即出家。先於比叡山修習天台宗，後於二十九歲時拜訪淨土宗的祖師法然上人，隨即入法然門下。三十一歲時為弘揚真實佛法，公然打破佛教戒律食肉娶妻，因此備受責難。其生平詳見第二部開頭的〈親鸞聖人簡介〉。

然而今天，又有多少人明瞭這人生的目的呢？人們仍然在深沉的黑暗中摸索，不明白生命的意義，不知道人生有必須完成的目的。人們苦苦追尋「活著的意義」「再苦也要活下去的理由」，卻由於找不到答案而陷入深深的困惑與焦慮之中。戰爭、殺人、自殺、暴力、虐待等一切悲劇，追根究柢，不正是源於這種困惑與焦慮嗎？所有問題的根源都在於不懂得「生命的尊嚴」「人生的目的」，如果得不到明確的回答，恐怕任何對策都是徒勞無益的。

「人生到底有沒有目的？」

「人活著的意義是什麼？」

一片沉寂中，唯有親鸞聖人如此明確地揭示出人生的目的，並勸導我們一定要實現這個目的：

「人生有目的，有一個萬人皆同的目的。那就是斬斷苦惱的根源，獲得『生而爲人眞好』的生命喜悅，活在未來永恆的幸福裡。爲此，無論遭遇多大的痛苦，都要堅強地活下去，直至達成這個目的。」

這就是親鸞聖人九十年生涯中始終一貫的思想。它恰似一束亮光，照亮了茫茫黑暗中的人類世界。

做為一名親鸞學子，我將在此書中透過親鸞聖人的教導闡明人生目的的眞實存在。

第一部中，將透過列舉一些文學家、思想家的話語，揭示人生的實態。

第二部將透過大量引用親鸞聖人的話語，闡述亙古不變的所有人共同的人生目的。由於文中多處出現古文原文，恐晦澀難懂，所以逐一用現代文加以解釋。衷心希望得到讀者的指正。

【第一部】

為什麼無論多麼痛苦，也要活下去？

1 世間最不可理解的事情

幸福如此輕易地崩潰

「你給我滾出去！」母親從樓上跑下來，一邊捶打父親、一邊叫喊著。她的聲音至今還迴盪在我的耳際。我戰戰兢兢地呆立在一旁。父親默默地從我面前走過，再也沒有回來。

那時，我還在上小學。幾個月後，我知道了「離婚」這個詞，這才明白發生了什麼事。沒有任何預兆，幸福的生活就這樣輕易地崩潰了。

不管看起來多麼牢固的幸福，最終都有破滅的一天。世事難料，誰也不知道何時會發生何事，如此變幻無常的人生，究竟有什麼意義呢？

人，爲什麼活著？

當美好的生活毀於一旦，人們在現實面前驚愕萬分時，就迫切地想要知道這個問題的答案。

那些描述拒絕向不幸的命運低頭、堅強地面對生活的勵志書籍，相繼登上暢銷書排行榜。書中都在呼籲，「把每一天都看作是鍛鍊，堅持下去，就一定會得到幸福。」

「絕不能灰心氣餒！」

「人要有目標，不論什麼樣的目標都可以，只要沿著自己選擇的路走下去。」似乎大家都期待著一種鼓勵：不要怕慢，一步一步往前走……然而，朝什麼方向走？終點在哪裡？這些問題的答案都弄清楚了嗎？

任何行爲都有目的，人生亦是如此

任何行爲都有目的。例如乘坐計程車，不管多麼沉默寡言的人，他都必須先告訴司機要去哪裡。因爲如果司機不知道目的地，就不知道該往哪裡開。如果任由司機隨便開，只會浪費時間和金錢。如果有人問「為什麼要念書？」，你大概會回答：「因為明天要考試」「因為要考取資格證書」等。如果有人問「去哪裡？」，你大概會回答「去買東西」「去散步，換換心情」等，人的行為都有目的。

那麼，如果問你「為什麼活著？」，又該如何回答呢？活著不是一件容易的事情。剛剛突破了升學的難關，又要面臨就業的困難，在裁員的壓力下辛苦地工作一生，最終還要與疾病和衰老抗爭……除此之外，還可能遇到人際關係的煩惱，或遭受事故、災害、公司倒閉等種種不測變故。

為什麼要克服諸多困難堅持活下去？這個最重要的問題——「人生的目的」不明確地揭示出來，而只是一味呼喊「不畏艱辛」「活下去」「好好活著」「不能死」，那就如同督促人們在沒有終點的圓形跑道上不停地奔跑一樣。

沒有終點的圓形跑道

《伊索寓言》中有一篇故事叫「螞蟻和蟋蟀」，說的是螞蟻夏天辛勤地工作，到了冬天，就可以高高興興地遊玩。但人卻無法這樣。不論是夏天還是冬天，人都不得不辛苦地工作。

有人這樣鼓勵道：「只要堅持活下去，一定會變好的。」然而，實際的感覺卻是「沒有變化的生活日復一日」。《完全自殺手冊》一書這樣描述這種感覺：

你的人生大概是這樣的：在家鄉一邊上小學和國中，一邊補習，強化應試教育，然後進入高中和大學。……畢業後進入一家公司。如果是男性，一般在二十五到三十歲間結婚，第二年有個孩子。在公司裡，經過幾次部門調動和晉升，做到高層主管，六十歲退休。以後的十年或二十年，過著悠閒自在的生活，然後死去。人的一生大概不過如此。而令人絕望的是，這還是人們普遍認同的最讓人放心的理想人生。

——鶴見濟《完全自殺手冊》

沒有「活著眞好」的滿足感，只是每天重複著「吃飯、工作、睡覺」的三部曲——這樣的人生，就像在沒有終點的圓形跑道上奔跑一樣，既沒有接近終點的喜悅，也沒有到達終點的激動，腳下又怎會產生力量？只有明確了目的地，才能精神飽滿地跑完全程。人生道路也是如此。

明確了人生目的，一切就都有了意義

明確了人生目的，念書、工作、保持健康……一切行爲就都有了意義，因而會從內心感受到生活的充實。即使因爲疾病而痛苦，即使因爲人際關係問題而沮喪，即使因爲競爭失敗而苦惱，也會產生活下去的動力：爲了達到人生目的，一定要克服這些困難！

尼采在《道德系譜學》中說，如果明確了人生目的，「人就希望苦惱，甚至會主動地尋求痛苦。*」只要方向正確，跑得越快，就能越早到達目的地，所以任何付出都不會是徒勞無益的。如果是爲了實現人生目的，無論花多少時間、體力、金錢，都將百分之百地發揮作用，不會白白浪費。

人生總是不停地經歷痛苦，但是對於知道爲什麼活著的人來說，所有的辛苦必有回報。有人說人生美好，也有人說人生空虛，這種差異究竟源於何處？歸根究柢，就在於是否明確了真正的人生目的。

人生的大原則：活著＝好事

爲了營救一個遇難者，甚至會出動一支救援隊，這是因爲人的生命重於一切的緣故。如果否定了「活著本身是好事」這個大前提，那麼以延緩生命爲目的的醫學，以及政治、經濟、科學、藝術、倫理、法律等，所有的一切都會分崩離析。因爲這些所追求的目標就是「如何讓人們活得更長久、更舒適」。

解決因裁員、看護病人造成的不安心理，使大家能夠安心生活，這是政治、經濟的功能。科學技術的發展則使生活變得更加輕鬆方便——以前洗衣服都使用洗衣板，

編註：全文＊出處，皆請參閱附錄。

彎腰搓洗，用力擰乾，簡直就是耗費體力的勞動，如今只要按一下洗衣機的開關。倫理和法律可以消除人際關係中的摩擦糾紛，使大家能夠友好相處；而藝術和體育則是使每天忙於工作、身心疲憊的人們變得精力充沛。

這一切努力都是爲了使我們快樂地度過痛苦的人生。所謂對人類的貢獻，其實也並未超出這些「生活方式」的範疇。

忍受痛苦與病魔搏鬥，是爲了得到幸福

在醫療領域，醫護人員每天都在爲延緩生命而努力奮鬥。進行日本首例腦死移植手術時，三所大學的醫生集中會診，使用直升機和飛機空運冰存的人體器官。尤其是心臟，必須在四個小時之內移植進入體內，完全是分秒必爭的戰鬥。從斷定腦死到手術後的護理，據說費用高達數百萬元。

然而，如此努力延緩必將消逝的生命，又是爲了什麼呢？一個男性患者接受了心臟移植手術，他在回答記者「今後想做什麼」的問題時說道：「想喝啤酒，看棒球比

賽。」還有一位患者，在許多人的善意資助下，到美國進行移植手術，獲得成功。但他回國後卻遊手好閒，整天沉迷於賭博，這讓大家十分失望，有的捐助者憤怒地說：「捐錢給這種人，簡直就像傻瓜！」

生命得以延緩原本是件好事，爲什麼心中卻無法釋然，這不正是因爲延緩生命的目的模糊不清的緣故嗎？人們往往只關心器官提供者是否自願、如何保護隱私、判斷腦死的標準等這些次要問題，對「移植器官也要活下去的目的是什麼」這個最根本的問題，卻似乎漠不關心。

頑強地與病魔進行鬥爭，忍受種種痛苦活下去，其目的不是爲了活著本身，而是爲了獲得幸福。「要不是那次治療使自己活下來，就不會有今天的幸福。」只有感受到這種生命的喜悅，醫學才能體現出眞正的價值。

人們只是一味高喊「好好活著」「努力活下去」這些口號，卻誰也不去思考、研究、談論「再痛苦也要堅持活下去」的理由。

人世間還有比這更難以理解的事情嗎？

2 為什麼說「人的生命重於一切」？

存在的空虛——不知道自己爲什麼活著

「人生眞是太美好了！」像這樣總是感到充實，對未來滿懷信心而活著的人，究竟有多少呢？新科技迅速發展、精神生活卻日趨貧乏的二十世紀，被稱爲「不安的世紀」。雖然現代人物質生活極其豐富，表面上沒有什麼不足之處，但內心卻感受不到眞正的滿足。一種茫然的不安和空虛正在蔓延。

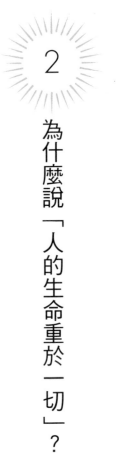

「唉，眞沒意思……」你不曾發出過這樣的嘆息嗎？

日子還算快樂與充實，但又總覺得有種空虛無聊縈繞心頭。就這樣日復一日、年復一年。……

如果你是公司職員，當一天的工作結束，拖著疲憊的身體擠在電車裡，不由得嘆口氣時；如果妳是家庭主婦，在家務勞動和養育孩子的忙碌中歇口氣時，本來應該覺得日子過得繁忙而充實，卻不知道爲什麼，時而有種空虛感突然襲上心頭。於是你會情不自禁地發出這樣的感慨：

「這就是我的人生嗎？」

「難道就是這樣一直到死嗎？」

「一天又一天，同樣的日子周而復始，到底有什麼意義呢？」

——諸富祥彥《「空虛」的心理學》

被譽爲二十世紀最著名的精神科醫生弗蘭克❶指出：現代人一旦從繁忙中解放出

❶弗蘭克（一九〇五至一九九七）：奧地利精神科醫生、哲學家。

來，能夠做自己想做的事情時，往往會一下子感覺到人生空虛、毫無意義。退休者無所事事，大學生一到週末就酗酒，很多人每天晚上坐在電視機前發呆。

弗蘭克進一步指出：許多現代人之所以感覺空虛，是因爲不知道自己爲什麼活著。他將這種狀態稱爲「存在的空虛」。這種「存在的空虛」時常成爲自殺的原因。而現代社會日益蔓延的憂鬱症、依存症等疾病，也是只有認識到這種「存在的空虛」，才能夠眞正地對其有所理解。

有人尖銳地指出，感覺不到人生意義和自我價值的人與日俱增，正是導致社會各種事件和問題頻傳的原因。

不知生命可貴，就不會懂得尊重生命

輕視人命的惡性事件接連發生。日本愛知縣的一個高三學生殘忍地殺死一名六十五歲的家庭主婦，對其連刺四十多刀。第二天他去自首，說殺人的動機只是爲了想體驗一下殺人的感覺，毫無反省之意。在美國，學校槍擊犯罪事件不斷發生。二

○○○年的統計數字顯示，成爲這種槍擊事件犧牲品的未成年人每天竟達十四人。

二○○四年，中國發生一起震驚全國的殺人案。在雲南省某大學學生宿舍的衣櫃裡發現了四具大學生的遺體，而兇手則是這些遇害者的同班同學。經查，犯罪的起因是打撲克牌時別人說他作弊。這樣的小事，爲什麼會導致有預謀地殺死自己親密的同學呢？各界專家都在分析其中的原因，但最後犯人被執行死刑了，其眞實原因依然不明。

據了解，犯人曾對他的姊姊說：「現在我對妳講一次眞心話，我這個人最大的問題就是我不懂人生的意義到底是爲了什麼？一百年後，早死晚死都是一樣的。*」在拘留所裡，記者問他：「你對生命有過敬畏感嗎？」他回答說：「沒有。沒有特別感受。我對自己都不重視，所以對他人的生命也不重視。**」

不知道自己生命的可貴，也就不會尊重別人的生命。「死了也不在乎」的無知，往往會轉化爲「殺人也無所謂」的謬論。

「人的生命重於一切」，即使試圖用這句話來喚醒他們對生命的重視，也是無濟於事吧。因爲只要對方反問一句「爲什麼重於一切？」恐怕誰都難以回答，就連哲學家們也無言以對。

美國加利福尼亞大學教授菲利帕．福特在《道德的相對主義》一文中說，在他知道的哲學家中，沒有一位能夠闡明「生命爲什麼寶貴」這個道理。可見，即使讀幾百本哲學書籍，也無法找到答案。

自殺人數日益增加

長期以來，日本一直保持著平均壽命世界第一的地位。但是，日本每年的自殺人數卻超過三萬，是交通事故死亡人數的六倍，自殺率在已開發國家中居於首位。一九九八年自殺人數的急遽增加，甚至造成了男性平均壽命的下降，成爲一種社會異常狀態。當然，這還不能輕率地歸咎於長期經濟蕭條的緣故。法國社會學家涂爾幹❷透過對各種統計數據的分析，認爲越是有錢人自殺率越高，這說明越是經濟富裕的人，其精神上的痛苦就越嚴重。

美國著名的心理學家契克森米哈伊認爲，如果不知道人生目的，無論生活多麼奢華享受，也不會獲得內心的充實感。自殺的根本原因也在於不知道「人生目的之重要」「生命的尊嚴」。如果對人生的根本意義一無所知，選擇死亡也就不足爲奇。

一張中了五千萬元獎金的樂透彩券被當作寶貝，是因爲它具有多數人工作一輩子也無法獲得的價値。而那些沒有中獎的樂透彩券，會被毫不猶豫地扔進垃圾箱。如同破碎的杯子、修不好的電腦一樣，沒有價値的東西會被扔掉。

如果知道人的生命重於一切，就不會像扔掉沒有中獎的樂透彩券那樣，拋棄自己的生命，或者視他人的生命爲螻蟻而加以殘害。

近年來，未成年人的自殺與殺人事件不斷增加，引起了社會的廣泛關注。究其原因，家庭問題、教育失敗、法制的不健全、社會的弊病……眾說紛紜。但是，不論多麼痛苦都要活下去的理由是什麼？若撇開「人生目的」這個至關重要的問題，即使爭

❷涂爾幹（一八五八至一九一七）：法國社會學家、人類學家，社會學的奠基人之一。

論得再激烈，也不會找到有效的解決方案。

「因爲人生有一個必須達成的目的，所以不論多麼艱難，都要堅強地活下去。」

只有明確知道了人生的目的，才能眞正理解生命的尊嚴。

渴望人生目的的心靈會飢不擇食

一九九五年，東京發生了日本史上最嚴重的恐怖攻擊，造成巨大的混亂，令人不寒而慄。奥姆眞理教❸的五名成員在東京的五條地鐵上灑下致命性的神經毒氣，致使十二人死亡、五千多人受傷。後來，一個年輕信徒這樣敘述他入教的原因，「對於自我存在的意義，只有麻原教祖從正面給了我回答。」

渴望了解人生目的的心靈往往會飢不擇食、飲鴆止渴。

這五個罪犯中，還包括筆者的母校等日本一流大學的優秀畢業生。最高學府的教授們，對於本校畢業生濫殺無辜的事件，究竟感覺到什麼責任呢？課堂上筆者豎起耳朵想聽聽他們的意見，然而，每一位老師都繼續著與平日完全一樣的授課。只有一位老師說道：「爲什麼要跟著那樣一個看起來髒兮兮的教祖啊？」我不禁大失所望，如此拙劣的評論難道就是今天知識份子的眞實水準嗎？我似乎明白了爲什麼不論科學如何進步，都不能阻止迷信和邪教蔓延的原因。

人們什麼時候才能眞正明白生命的寶貴呢？

❸奧姆眞理教：日本邪教組織，由麻原彰晃創立於一九八七年。

3

「忍耐著活下去」是人生目的嗎？

「爲了活著而活著」這種回答實在不知所云

有人說「人是爲了活著而活著，活著本身就是人生的目的」。如果把這句話理解爲「忍耐著活下去就是一切」，大概會得到不少人的共鳴：

「對啊，無論什麼事情都要忍耐，最重要的是要活著。」

「人生只有一次，活著本身就有價值。」

包括那些懷疑人生是否有意義而情緒低落的人，聽到「活著，僅僅是活著本身就讓人生有了意義」，也許都會得到一些安慰。

然而，對於在痛苦中掙扎、不知道爲什麼這麼痛苦還要活下去的人來說，這句話卻會讓他們大失所望。因爲這並不能成爲一種回答。爲什麼這麼說呢？這就像是問別人「爲什麼要跑步？」，如果回答「爲了鍛鍊身體」，誰都能聽得明白，但如果回答「爲跑步而跑步」，就不知所云了。再如問道：「爲什麼要上補習班？」如果回答「爲了能考上大學」，大家也都會明白。但如果回答「爲補習而補習」，就會叫人感到莫名其妙。

同樣地，對於「爲什麼活著」這個問題，如果回答「爲活著而活著」，即使從語意上來說也是有問題的。

有能夠感受到生命喜悅和滿足的「人生目的」

我們從昨天來到今天，從今天走向明天。光陰似箭，人生可謂是急速飛逝。從小學到高中，爲了升學拚命地讀書；上了大學以後，拚命地玩樂；就業以後，拚命地工作。從被拋進人生的汪洋大海那一刻起，就被迫在驚濤駭浪中不停地游泳。可以說，人活著就如同在游泳。

堅持主張「爲活著而活著」的人，其實就是在主張「爲游泳而游泳」。如同在水面上漂浮不定的浮萍般，沒有目的地隨波逐流，很快就會腐爛。爲游泳而游泳的人，其悲慘命運是顯而易見的。

這與「爲飛行而飛行」的飛機將面臨的下場一模一樣。如果把「爲活著而活著」的人生比喻爲空中飛行，結果會是什麼樣呢？

設定合適的速度和高度、根據風向及氣壓狀況變更航線、發動機發生故障時進行緊急處理……這些都是對飛行方式的選擇，屬於「如何飛行」的範疇。而在做出上述決定前，必須明確知道的是目的地，就是「飛往何處」。沒有一個飛行員會在不知道目的地的情況下起飛吧。因爲「爲飛行而飛行」的飛機，最終只會是墜毀的悲劇。

同樣地，如果沒有能夠使我們感受到生命的喜悅和滿足的「人生目的」，這一生也只能是越活越痛苦吧。

4 實現了人生目的的時刻

痛苦的新鮮期叫做「快樂」

現在，想去探索人生中「眞正應該做的事」的人寥寥無幾，人類精神正瀕臨危機。科學文明破壞的似乎不僅僅是自然環境。

追求一時快感的人不斷增加，「上癮」已然成爲茶餘飯後的話題。「道理全都明白，就是無法罷手」，不狂熱地迷上一樣東西，總覺得心神不定、坐立難安。例如沒有手機就渾身不對勁的「手機成癮」、沒有玩網路遊戲就沒力氣的「線上遊戲成癮」、不斷刷卡買東西的「購物成癮」。總是必須做點什麼事，心情才能平靜下來，否則就會心緒不寧。這種心態可以說是人生痛苦實態的反映。

網路成癮在全世界據說有一千多萬名患者，成爲嚴重的社會問題。

藥物成癮患者也未見減少。由於口服毒品的出現，甚至有些小學生也開始吸毒。在幻覺驅使下，吸毒者的惡性犯罪不斷增加。另外，由於孤獨而產生複雜肉體關係的人也在增加，性愛成爲他們塡補莫名空虛的一種手段。

大概有人這樣認爲：及時行樂就是人們在各個不同時期的人生目的。至於「這樣的生活有何意義」之類的複雜問題，最好置之腦後，這樣才能活得瀟灑痛快。

然而，這種主張眞的確實可行嗎？讓我們來看看各種「快樂」的實質。

首先是「滿足欲望的喜悅」。人有各式各樣的欲望，例如想吃美味的食物、想穿時尚的衣服、想有車子、想有戀人等，不勝枚舉。欲望得到滿足，不滿和痛苦就會消除。在這個過程中感覺到的「心情舒暢」，其實就是欲望得到滿足的幸福感。

口渴時喝一口冰涼的可樂，會感覺爽快。但是，這種快樂極其短暫。隨著口渴的感覺逐漸得到消除，爽快感也逐漸減少。只有在口渴的感覺減少的過程中，才會覺得可樂爽快。如果口渴的感覺完全消失後還繼續喝，反而會產生痛苦。這與搔癢的快感很快就變成疼痛的道理是一樣的。

欲望得到滿足後，痛苦就會隨之而來。這種普遍存在的現象被稱爲「邊際效用遞減規律」。和戀人約會的喜悅、剛剛產生的興趣愛好……隨著次數的增加，起初的那種熱情和興奮就會逐漸減少。欲望得到滿足的「心情舒暢」是一種強烈的幸福感，卻注定逃脫不了轉瞬即逝的命運。

這就是把痛苦的新鮮期稱爲「快樂」、把過期的快樂稱爲「痛苦」的原因。

逃避的瞬間

如果有人問：「你什麼時候感覺最快樂？」大概不少人會回答，沉浸在自己的興趣愛好時最快樂。例如挑戰游泳比賽紀錄、國際象棋比賽時觀察對手的動靜、小心翼翼地進行攀岩運動等。在這些情況下，都是在聚精會神地思考如何克服困難、如何戰勝對手這樣的「眼前目標」，絲毫不會受到諸如「他對我說的話眞令人生氣」「受到了上司的責備」「今天不得不和自己討厭的人見面」之類令人心煩的情緒影響。許多人認爲把煩心的事置之腦後，忘得一乾二淨，就是最大的幸福。正因爲如此，才會有「無知是至福」這個諺語吧。

然而，興趣愛好、生活情趣所帶來的喜悅，本質上與滿足欲望的快感一樣，都很短暫。所以當這種短暫的快樂過去後，馬上又回到討厭的作業、未完成的工作、做不完的家務事等令人厭煩的現實生活中。著名的網球運動員一旦離開球場，就變得脾氣古怪、難以交往；把繪畫當作人生快樂泉源的畢卡索，一旦放下畫筆，就心情沮喪，大概都是這個原因吧。

羅素在《幸福論》中寫道：「興趣愛好或許常常不是幸福之本源，而是對現實的逃避。」也許正如他所說，我們在興趣愛好中感受到的快樂，其實不過是消磨時間，可以藉此暫時忘記現實的痛苦而已，這與酒醉後把欠人一屁股債的事忘到九霄雲外沒什麼兩樣。

儘管如此，也許還有人會說：「一想到什麼人生的意義，只覺得前途一片黑暗。與其這樣，不如埋頭在自己喜歡的事情裡，還能夠得到短暫的快樂，這就夠了。」

如果把「興趣愛好、生活情趣」比喻爲「酒」，那就等於說「酒是好東西。沒有酒，哪有人生？不喝酒的人簡直就是傻瓜」。但是，也會有人嘲笑說：「人生如此美好，又何必需要菸酒？」如果人生充實而美好，就沒有必要用各種方法掩飾、打發內心的痛苦和寂寞。

「人生多麼美好！」只要實現了人生目的，生活的每一個瞬間都會比滿天的繁星更加光彩四射。

「不需要目的地，行走本身就是快樂」，這樣的人忽視了什麼？

專心致志地研究學問、從事體育運動的時候，研究和運動本身就是快樂的。「即使研究的成果沒有得到認可、體育比賽沒有獲勝，也不必在意。因爲結果如何是次要的問題，重要的是探索眞理、挑戰紀錄，追求的過程就是快樂，就是人生。」說這種話的人不足爲奇。

他們也許是在「終生求道、至死不渝」的人生中看到無與倫比的進取心，進而產生深深的嚮往。尤其是在這缺乏衝勁與熱情的時代，很多人都嘆息，「唉！做什麼都覺得提不起勁！」「是啊，再怎麼努力也只是身心疲憊。」與之相比，「終生求道」的人生會更令人嚮往。

但是，即使有了認為「這就是自己的人生意義」而樂此不疲的事業，也很難說就能一直持續下去。

一九九二年，在巴塞隆納的奧運上，當時還是國二學生的岩崎恭子獲得蛙泳金牌，一夜成名，贏得日本全國的讚譽。她很坦率地表達自己的喜悅心情，「這是我人生中最幸福的時刻。」對她來說，人生最大的喜悅在十四歲時就突然降臨了。

人們自然而然地期望她再次奪冠，造成她很大的壓力。但是由於參加高中入學考試，她無法進行訓練，比賽成績一直不理想，為此曾幾次想退出泳壇。她這樣訴說自己的想法：

在為能否參加亞特蘭大奧運而苦惱的時候，我總是想，在巴塞隆納要是不說「這是我人生中最幸福的時刻」就好了。我甚至都不想要金牌。

——一九九九年六月十日刊《女性週刊》

「這是我人生中最幸福的時刻」變成了「我甚至都不想要金牌」。

後來，她還是參加了亞特蘭大奧運會，結果名列第十。從此她對體育比賽完全失去興趣，毫不猶豫地退出了。

游泳界的超級明星伊恩．索普在二〇〇六年十一月突然表示要退出泳壇，令眾人大吃一驚。他兩次參加奧運會，獲得五枚金牌。但是，他無法像以前那樣從游泳中感到滿足，在會見記者時說了如下一段話，便離開了競技世界。

「這引出了另一個問題：如果沒有游泳，我的生活會怎麼樣？……破世界紀錄已不再是我的目標，雖然我知道怎麼做到，但那種興奮的感覺已不復存在。*」

在學術研究領域裡埋頭苦幹的人們中，只有少數人才能名垂史冊。然而，就連忘我地致力於進化論研究的達爾文也從來沒有得到過幸福感。他抱怨：「自己好像變成了一台把事實的大山磨碎、從中榨出普遍規律的機器。*」

可見，埋頭於熱中的事業時感受到的滿足，也無法逃脫逐漸衰退的命運。

「只要走自己喜歡的路，就不需要目的地。因爲行走本身就是快樂。**」抱持這種主張的人到底忽視了什麼呢？正如涂爾幹在《自殺論》中提及的，「只有在盲目得察覺不到無目的行走是如何空虛時，才能體會到行走本身的快樂。」

帕斯卡❶說道：明日復明日，生命從時間的台階上滑落下去，「最後一幕被鮮血汙染***」。無論多麼美麗的人生都無一例外。

冷靜地凝視過去和未來，還會有人說「追求至死」的過程本身就是幸福嗎？

---

❶帕斯卡（一六二三至一六六二）：法國哲學家、數學家、物理學家。

5 明白人生的目的去工作，所有痛苦就都會有回報？

成功者的苦惱

經常聽到有人說：從事能給自己帶來快樂的工作就是人生目的。但是，對自己的工作感到滿意的人究竟有多少呢？即使在事業上能夠充分發揮自己聰明才智的成功者，實際上也未必一切盡如人意。

宇多田光登上歌壇以後，她的唱片銷售量接連突破百萬。第一張專輯銷售量達到八百萬張，創下世界紀錄。她課業成績優秀，自己創作的詞曲又獲得社會最高評價，應該說是一帆風順。然而，當她成爲明星後，卻失去了外出散步、與朋友交往等自由，爲此她甚至想放棄音樂了。

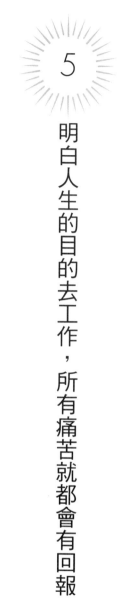

我想創作音樂、表現音樂。在音樂創作中我獲得了自由，卻因此失去了外出散步、與朋友一起吃飯的自由。不能一切都盡如人意啊。……我想自由自在地出去散步，如果連這個都做不到，我甚至覺得音樂令人討厭。

——二〇〇〇年一月號《文藝春秋》

她不由得嘆息，「不能一切都盡如人意。」即使在自己喜歡的事業道路上獲得輝煌的成功，痛苦也只是變換了一種形式而已，猶如把左肩的重負轉移到右肩上。宇多田光說自己還有在音樂創作中獲得自由的一面，而作家村上春樹則坦言，創作既沒有給自己帶來快樂，也沒有帶來精神上的解脫。

我寫這種小品文發表，並非爲了自己愉快。……至少現在，我從寫文章中沒有感覺到絲毫精神上的解脫。……人們只是因爲不得不寫才寫。寫作本身既沒有作用，也沒有伴隨而來的獲救感。

——村上春樹《旋轉木馬的終端》

不論多麼喜歡而且得心應手的事情，一旦成爲工作，就變成痛苦。即使擁有一份好工作，被羨慕的眼光包圍的人，其實內心也有外人不知道的苦惱吧。

出售生命，換取想要的東西

《推銷員之死》是瑪麗蓮夢露的最後一個丈夫亞瑟．米勒❶創作的劇本，其對現代社會的犀利觀點，令人不敢相信這是六十年前的作品。該劇主角推銷員威利拚命工作，才能勉強支付房貸、維持日常支出，生活維艱。而且歲月不饒人，他的業績逐漸下降，薪水也隨之減少。有天他對妻子說道：「想起來，一輩子拚命工作，好不容易付清了房貸，當房子成爲自己的財產時，卻沒人居住了。」

威利沒日沒夜地辛苦賣命，在身心交瘁中結束了他充滿苦難的一生。雖然用保險金償還了所有的債務，但他卻永遠離開了人世。劇中並未說明威利推銷的是什麼產

❶亞瑟．米勒（一九一五至二〇〇五）：美國劇作家。《推銷員之死》是他最有影響力的代表作。

品，因爲他出售的是「生命」。

所謂「生命」，就是給予每個人的「時間」吧。現今日本人的平均壽命爲八十歲，也就是說，在出生時就接受了八十年的生命時光。如何使用這筆財產呢？如果學生爲了旅行的費用而去打工，那麼他打多少工就是「消耗」了多少生命。可以說，我們是在透過一點點地「出售」自己的生命，來換取自己想要的東西。

威利拚死拚活地工作，卻被解雇，連保險費都無法支付。他被公司、兒子、妻子拋棄，最後孤獨地死去。眞是赤裸來到人間、赤裸離開人世。他沒有感受到「活著眞好！」這樣的生命喜悅。

不工作就沒有飯吃，沒有飯吃就會餓死。但是，有飯吃也會死去。如果不知道「人活著，應該做什麼」，工作也就失去了意義。

事實上，雖然有人正處在平步青雲的順境中，卻因爲不知道工作的意義而想辭職，這樣的人似乎日漸增加。

有件事深刻地留在我的印象裡：他畢業於日本一所首屈一指的一流大學，一次同年級的校友聚會，大家的年齡都三十還未過半。這些在令人羨慕的大公司裡工作的人卻異口同聲地說：「要是可能的話，眞想辭職。」……我想起最近買了房子的一位朋友的話，「說實在的，在合約上簽字的時候，我莫名感到空虛。償還貸款需要三十年。在這三十年裡，我必須在現在的公司裡一直做著毫無意思的工作。我甚至覺得，今後的人生難道只是爲了償還貸款的人生嗎？」日本企業員工的生活本來就很艱辛。身心疲憊、健康受損，連日加班無法顧家，再加上長期的經濟蕭條。許多企業員工更加不能從自己的工作中看到意義和希望。

——諸富祥彥《「空虛」的心理學》

黯然沮喪地認爲「今後的人生就是只爲償還貸款的人生」，這一定是因爲他們不知道人生的目的。只要具有鮮明的人生目的，就會明白工作的意義，進而幹勁十足。

產生工作欲望的最大養分就是「人生目的」。

不論怎麼工作，也得不到回報……

過去，被稱爲「工作狂」的那些人之所以把工作視爲生命，盡情燃燒，主要是因爲只要對公司盡心盡力，職位和薪水就會隨之提高。他們覺得努力工作就有回報、就會受到家人的尊重，所以即使辛苦一些，也能忍受。因爲苦得有意義。

但是，由於取消了終身僱用制和論資排輩，勤勞工作未必就能獲得回報，企業開始了優勝劣汰、業績至上的激烈競爭。

自己人生的二、三十年都奉獻給公司，卻在正是需要支付孩子的教育費用、償還房貸、增加醫療費用的關鍵時刻，突然遭到解雇，這樣的悲劇接連不斷地發生。

能夠感受到工作幸福，大概只是在順利的時候吧。對於把工作當成一切的人來說，一旦工作陷入困境，也就失去了人生的意義。「要是沒了職位，還能剩下什麼呢？」「今後該把什麼當作活下去的目的呢？」他們不知該如何度過剩下的人生。

在生命已近黃昏的時候，才意識到沒有任何精神支柱，不是爲時已晚了嗎？

人生最悲慘的時刻

在電影《心的方向》中，主角華倫退休後不久，妻子就去世了。他回顧人生，這樣說道：

「我知道，我們都不過是社會這個龐大機構中微不足道的存在。能夠期待的，最多只是給社會留下一些影響。然而，我留下了什麼影響呢？我又做出了什麼貢獻呢？……我很軟弱，又很無能，這些都無法改變。我可能會早些死去吧。也許是二十年後，也許就在明天。不過這已經無所謂了。我死去以後，等知道我的那些人也都死去，那無異於我根本就沒有存在過。我的人生給別人帶來過什麼影響嗎？我想不起來，什麼也沒有。」

幾十年的工作和婚姻生活，華倫習慣了繁忙和妻子的照顧。但當這一切突然失去時，他感到徹底的孤獨與無力，就像是被強盜洗劫一空以後，孤立無援。人在年輕力壯時，爲了生活耗盡心力；到年老時，才會發現自己一無所有。最終，什麼也沒有得到，什麼也沒有留住，什麼也沒能改變。和華倫一樣，很多人都是在退休以後才驚愕地發現，自己的人生其實毫無意義。

但丁在《神曲》的開頭這樣寫道：「我走過人生的一半旅程，卻迷失了正確的道路，徬徨於黑暗的森林。*」任何人都會有厭倦世間的謊言，感覺一切都沒有意義的時候。意識到自己的生命徒勞無益、驚愕於各種罪孽堆積如山，這才是人生最悲慘的時刻。

在許多情況下，這是在體力急遽衰退時被宣告的殘酷判決。

6 隱藏在幸福中的陷阱

一旦心愛的人死去

相知相愛的兩個人相見時的喜悅，是肉體的瞬間快樂無法比擬的。宇多田光在她創作的成名曲〈Automatic〉中描述了這種心靈的交流。

It's automatic
只要你在我身邊
只要你凝視著我
我就止不住地怦然心動
無法對你說 No

如果兩個人性情相投，吃飯、聊天，不論做什麼事，只要對方在自己的身邊，就會自然而然地感覺到幸福。如癡如醉般相愛著的戀人間，更會產生令人心潮澎湃的銷魂感受。

但是，狂喜總是無法善終，樂極往往容易生悲。過分天眞地輕信愛情，而因此有過痛苦經歷的人，往往害怕再次戀愛。因爲眼前的幸福越是炙烈，遭到背叛時的傷痛就越深重。

即使自始至終兩情相悅，最終也難逃死別的宿命。而對於相愛的人來說，愛人的死永遠只會是「來得太早」。

一九九九年，被譽爲日本最具才華的作家江藤淳[1]，親手爲自己六十六年的生涯畫上了休止符。在妻子病逝三個月後，他表示「想徹底地描述出妻子的死和自己的危機」，執筆寫作《妻子和我》。事實上，這成了他的遺書。

守護著臥病在床的妻子直至最後一刻，絕不讓妻子感到孤單——這曾是江藤淳的「人生目標」。他們是如此恩愛，甚至被稱爲「雙胞胎夫妻」。

一旦心愛的妻子生命結束，一切都將結束。《妻子和我》一書，充滿著惆悵無奈的傷感。

妻子自言自語地輕嘆，「一切都結束了。」

她淒涼的聲音深深地迴盪在我的心裡，我卻無言以對。其實，這個時候，我也從內心深處意識到了：無可奈何地，「一切都結束了。」

大概由於藥物的作用，妻子看起來心情舒暢。她的臉上露出平靜的微笑，凝視著我說道：「我們去過很多地方啊。」

「是啊，每個地方都很有意思。」我回答。但是，「我們還要一起去。」這句話卻怎麼也說不出來。淚水不由自主地湧出，我急忙躲到小廚房裡。

——江藤淳《妻子和我》

❶江藤淳（一九三二至一九九九）：日本文學評論家，以研究夏目漱石聞名。

夫人去世後，他的生活目標不復存在，剩下的只是等待死亡的毫無意義的時間。

只要妻子一息尚存，就要陪伴著她直到最後一刻，絕不讓她感到孤單。這曾是我明確的目標。如今妻子已經逝去，我的目標已不復存在。唯有孤獨的等待死亡的時間緊緊抓住我的身心，一分一秒地把我趕往毫無意義的死。

——江藤淳《妻子和我》

爲什麼人要生離死別？爲什麼人會消逝而去？瑞士哲學家希爾提❷忠告說：愛是「滲透心底的幸福，但也會成爲破壞一切的不幸」。

完全沉醉於愛情幸福之中的人，越是情眞意切，他就越不可避免地會深深陷入不幸之中，除非透過死亡來擺脫這種苦澀的體驗。

——希爾提《幸福論》*

「難以置信的幸福」與「無盡的悲嘆」，二者絕對無法分開。

因為你曾經幸福過啊……

歌德在《少年維特的煩惱》中嘆息道：「幸福，同時也是不幸的根源。這難道是注定的嗎？*」

戀人、健康、財產、名譽……這些會為我們帶來喜悅，是幸福生活的支柱；卻也同時是造成不幸和眼淚的根源。因為當這些支柱倒塌時，幸福亦隨之崩潰，我們就不得不陷入痛苦之中。

印象派繪畫巨匠雷諾瓦晚年罹患嚴重的風濕病，手指扭曲變形。但是，他把畫筆和手用紗布緊緊地纏在一起，依然堅持不懈地繪畫。他這樣講述無法發揮才華的遺憾：

❷希爾提（一八三三至一九〇九）：瑞士的法學專家、哲學家、政治思想家。

現在手腳不聽使喚了，卻還想創作巨幅作品。經常夢見維洛內塞及其作品〈迦拿的婚禮〉！多麼悲慘啊！

——安妮．迪斯泰爾《雷諾瓦*》

爲疾病而痛苦，是因爲失去了健康。爲失戀而哭泣，是因爲遭到了戀人的背叛。爲失去妻子、丈夫或孩子而悲慟，是因爲帶來希望和歡樂的生活之燈已經熄滅，沉沒在淚水的深淵。

經過千辛萬苦才得到幸福，然而就從獲得幸福的那一刻開始，痛苦的魔爪就從身後、從腳下悄悄地向你逼近。不論是什麼樣的幸福，終究都會拋棄你、傷害你。

能夠結束這種悲慘的，除了墳墓，還有什麼呢？

曾經滄海難爲水

大概會有人說：「失去就失去吧，只要留下回憶就行了。」的確，幸福一去不復返，無論怎麼傷心悲嘆也無濟於事。忘記痛苦的現實、回憶美好的過去，誰都會有這樣的心情。

然而，生病的時候，還能為從前的健康而高興嗎？

正如濱崎步在〈End roll〉這首歌曲中所唱：

過去的那個時刻不會再來
不論你多麼思念
過去的時光的確快樂
但不是現在

不論過去多麼快樂，時光不會倒流，「現在」已經沒有快樂。回憶令人感覺甜蜜，卻沒有使現在的自己快樂起來的力量。

「曾經滄海難為水」，因為經歷了人生最幸福的時刻，反而會導致在以後的人生裡唯有痛苦。與最理解自己的人分別，會是什麼心情呢？也許會後悔，「曾經相信這就是最大的幸福，卻竟然是最大的不幸，既然如此還不如一開始就沒有。」得到過極大的幸福，就不再選擇小小的平凡。無論和多麼出色的人相遇，都不能無條件地說這就是幸福吧。

但丁在《神曲．地獄篇》中說：「沒有比身處不幸之境地時，回憶過去的幸福更悲慘的事了。*」擁有過寶貴的過去，更覺現在地獄的悲慘。

尋找不會毀滅的幸福

一個少年因爲心愛的寵物犬死去而變得神經衰弱，他每天抱著松鼠玩具，走到哪，帶到哪。

他說：「玩具比寵物犬好，很可愛，又不會背叛我。」「死了……這就是背叛啊。」（大平健《溫柔的精神病理》）

許多婦女在孩子結婚離開自己後罹患憂鬱症，這種病被稱爲「空巢症候群」。別離如此痛苦，大概因爲親生子女是自己最愛的緣故吧。然而，這個「最愛」用鐵棍打死、用繩子絞死母親的案件卻不斷發生。

「這孩子怎麼會……」

「我辛辛苦苦把他撫養大，可是……」

慘遭親生子女毒手，可以想見母親該有多麼痛苦絕望。

再也不想因殘酷的背叛受傷害了！

除了永遠不會背叛的幸福之外，還有什麼能讓我們投入整個生命也無怨無悔呢？

在這一切都將毀滅的世界裡，唯有不會毀滅的幸福才是所有人共同的願望、人生的目的。

7 褪色的夢想

實現遠大目標時，卻同時產生失落感

柏拉圖在《會飲篇》中說：永恆的幸福就是所有人共同的目的。

但是，如果說永恆的幸福是「所有人共同的目的」，恐怕就會有人反駁「人生的目的因人而異」，因為重視個性和多元化是當今社會的潮流。

主張「人生目的因人而異」的人所設想的人生目的大概有：考上大學、找到穩定的職業、構築幸福的家庭、擁有自己的房子，或者是體育比賽獲得冠軍、成為富翁、獲得諾貝爾獎等。然而，這些其實都只是目前爭取實現的「目標」，不過是整個人生旅途中經過的一個「車站」，稱不上是「人生目的」。

上大學、就業、成家……這些不斷變化的「生活目標」與「生而為人只為此」的「人生目的」是不一樣的。本章打算就這個問題進行說明。

有人曾說：「遙望富士何其秀，近觀不過亦如此。」從遠處眺望富士山，秀麗挺拔，但是登高一看，到處是登山者亂扔的空罐頭等垃圾，不禁大失所望。我們心中所描繪的「目標」也是如此，當目標在遠處的時候，看起來很美，然而在達到目標的興奮瞬間，一種情緒就會悄然沁入心頭。

好不容易才實現了夢想，卻不免失望：難道得到的就只有這些嗎？越是歷經千辛萬苦，終於實現了遠大的目標，就越容易產生失落感，「我究竟都做了些什麼啊？」「我這麼辛苦難道就是為了這個？應該有更多的……」這不能不說是諷刺。

歌德在《浮士德》中說：「人越是努力就越是迷茫*。」現實社會中有不少事例都印證了這種說法。

冠軍心中的傷痕

日本拳擊運動員鬼塚勝也一九九二年獲得超次最輕量級世界冠軍。雖然他已經站在世界的頂點，並多次衛冕成功，卻從來不曾有過充實感。鬼塚告白說，自己一直在「追求」與「幻滅」中循環往復，始終得不到在追尋的東西。

小時候，我覺得世界冠軍就像超人一樣，對我來說，簡直就像神那樣遙遠。我這樣一個凡人，如果有朝一日能躋身於那個不得了的地方，會變成多麼了不起的人啊！這種想法激勵著我一直努力到今天。

但是，雖然在比賽中獲勝了，期盼的東西卻沒有隨之而來。「嗯？這是怎麼回事？爲什麼會感到一無所獲？」「不會是這樣的，下次如果贏了，就一定會得到些什麼吧。」我這樣說服自己，又一場接一場地參加比賽，可是最終還是覺得一無所獲。

比賽結束的當天晚上，得以倖存下來的眞切感受和自己追尋的東西並沒有如期而至，所帶來的孤寂，幾乎讓我發狂。儘管我總是希望自己心無雜念、蹦蹦跳跳地活躍在拳擊場上，但是因爲缺乏充實感，「這是怎麼回事？」這個疑問一直糾纏著我，使我感到更加空虛。就這樣反反覆覆，直到最後一次比賽。

——二宮清純〈鬼塚勝也獨白四小時〉
（一九九四年十一月十七日刊《週刊文春》）

以研究競爭理論著稱的阿爾菲·科恩發現，許多體育運動員在實現了巨大的目標後，反而被一無所獲的幻滅感留下深深的傷痕。尚未實現的夢想與已經實現的夢想之間，似乎存在著無限的距離。

沒有人會在臨死之前，感嘆自己賺的錢不夠多

同樣的事情在商業界也時常發生。美國麻省理工學院的哲學教授歐文・辛格在《人生的意義》中指出：有很多成功人士突然覺得，自己一直以來全心投入且一帆風順的工作變得毫無意義、無聊至極。

二十世紀八〇年代，美國掀起一股賺錢熱潮，富豪們如同英雄備受雜誌歡迎而廣泛報導，成為萬眾矚目的焦點。但是登上頂峰的他們，卻有不少人感覺到幸福的幻滅。許多富豪開始懷疑，「如此巨富究竟有何用處？」「誰會在臨死前，後悔自己賺的錢不夠多呢？」於是從幸福的寶座上跌落下來。地產大亨唐納・川普認為自己也是如此，他這樣自述：

在實現了人生巨大目標的人們中，幾乎就在實現目標的同時，極少有人不開始產生寂寞空虛、近於茫然若失的情感。……用不著去觀察別人的

人生，我自己明白，這是事實。我也和別人同樣容易掉入這個陷阱。

——唐納．川普《發達之途》

如果沒有正確地把握人生目的，即使歷盡千辛萬苦、付出巨大代價，將全世界的財富和名聲都聚斂在自己手中，最後也會覺得毫無意義。

「人生目的」既不會褪色，也不會淡薄

目標實現的滿足感只是暫時的，很快就會變成單純的記憶。但是，實現「人生目的」的滿足感卻與此截然不同，既不會「褪色」，也不會「淡薄」。上一章已經說過，我們的終極理想是永恆的幸福。那種實現後只剩下空虛感與回憶的東西，不能稱之爲「人生目的」。

「永恆的幸福？人生目的？這種東西根本就找不到。」也許有不少人都放棄了追求。但是，如果一生只是追求那種只能帶來一時滿足的「目標」，這會是什麼樣的人

生呢？在實現目標後，即使產生一時的滿足，這種滿足感也會隨著時間而逐漸淡薄，不得不回到原先的出發地。於是只好又開始更加艱苦的努力，希望這一次能得到眞正的滿足。這樣的人生就像是在沒有盡頭的圓形跑道上奔跑，永遠都不會得到「生而爲人眞好」的生命喜悅。還有比這更大的悲劇嗎？

叔本華把得不到回報的人生形容爲「像鐘擺般在痛苦與無聊間來回擺動*」。

爲了蠅頭小利爭得你死我活，被「幸福就在山那邊等著你」的希望所蒙蔽，一生也得不到眞正的安心和滿足，最終投入死亡的懷抱。如果這就是人生，還能說「人的生命重於一切」嗎？

8 屹立不搖的死亡之牆

死亡會突然降臨

人生瞬息萬變
頃刻之間人事全非
當你坐在晚餐桌旁的瞬間
你所知道的人生就已結束

——瓊・蒂蒂安《奇想之年》

在十分暢銷的紀實作品《奇想之年》中，作者這樣寫道：二〇〇三年十二月三十日晚上，當她坐到晚餐桌旁時，她的丈夫突然因心肌梗塞而死去。那是與平時沒有什麼區別的極其普通的晚上，丈夫一邊飲著蘇格蘭威士忌、一邊和她聊天。突然，丈夫的右手像抓住了什麼東西似的，停在空中一動不動。蒂蒂安還以爲是和她開玩笑，說道：「別鬧了。」然而，丈夫再也沒有回答她。

日本古典文學《平家物語》的開篇有這樣兩句膾炙人口的文字，「祇園精舍之鐘聲，諸行無常之回響。」「諸行」是指一切之物，「無常」是沒有常性，不會持續。身體健康、擁有財富、名聲卓著、豪宅……這些所謂的現實總是在不停地變化，或遲或早，最終必然走向崩潰。

在種種無常之中，最令人難以接受的大概就是自己的死亡。東京大學哲學教授廣松涉退休後，很快就死於癌症。他是日本哲學界首屈一指的人物，在哲學、科學、心理學、經濟學、社會學、歷史學等諸多領域均有深厚的造詣。其大著《存在與意義》（三卷）只出版到第二卷的前半部分，在最後的著作中，他簡要地敘述了後半部分的梗概，並留下了「期望有寧日！」的痛心之語。

現在還不能死！然而，死並不受我們的個人意志左右。

同樣罹患癌症的東京大學宗教學教授岸本英夫在他的抗癌手記中留下了這樣的文字：死亡簡直就是一場突然襲來的暴力。

可以說，死亡總是突然降臨。不論它什麼時候降臨，當事人總會覺得十分突然。因爲在完全放心生活的心態下，對死亡沒有絲毫的心理準備。……在不應該來臨的時候，死亡突然來臨；在不應該來臨的地方，死亡大搖大擺地來臨。猶如一個無法無天的人，連鞋都不脫，毫無禮貌地闖進剛剛打掃乾淨的客廳。他那麼蠻橫無理，叫他稍等一會兒，他也絕不答應。這是人的力量根本無法制止、無法控制的一頭怪物。

——岸本英夫《凝視死亡之心》

辛辛苦苦積累起來的任何豐碩成果，都將隨著人生的謝幕而被踏得粉碎，如同花了很長時間費力吹大的肥皂泡，在最後的瞬間砰然破滅。

沙特在其畢生巨著《存在與虛無》的文末提及，「人是無益的受難。」*沒有比一味追求終將毀滅的東西更悲慘的人生了。儘管如此，爲什麼人們還要辛辛苦苦地活著呢？

人無法漠視生的意義

尼采在《查拉圖斯特拉如是說》中寫道：「人對生看得越透，苦惱就越深。」**人生中眞的有值得追求的東西嗎？大概越是認眞思考這個問題，就越覺得一切都毫無意義吧。

主張「人生雖然毫無意義，但還是要熱愛它、接受它」的人也並非沒有。例如日本社會學教授宮台眞司在回答讀者提出的「人爲什麼活著」這個問題時，就斷言：「活在世上毫無意義，何況也沒有非活下去不可的理由。」（《自由的新世紀・不自由的你》）

一個喜歡他書的年輕讀者自殺了，聽他講課的一個女大學生也自殺了。宮台眞司在著作中回顧道：「如果不怕引起誤解，也許可以說，S君是被我的遲鈍所『殺害』。」他還承認，自己的話最終使那個女學生陷入了更深的虛無（《美少年的無故自殺》）。

對這種令人喪失生活信心的謬論，人們表示強烈的憤慨，編輯出版了《狠批宮台眞司！》，予以猛烈的批判。

如果眞如宮台眞司所說，根本不考慮「人爲什麼活著」「應該做什麼」這些問題，只是漫無目的地活著，對外界的一切隨波逐流、得過且過，那麼活到八十歲與現在就死去又有何區別呢？宮台眞司本人也許也意識到這一點，表示無法接受這種隨波逐流的生活方式。

> 我主張「漫無目的、得過且過的人生」，但是我自己不能像女高中生那樣「得過且過」。我無法像她們那樣只爲追求瞬間的快樂而活著。
>
> ——宮台眞司等《新世紀的眞實》

卡繆說：「『瘋狂』地想知道活著的意義的渴望在人心底激烈地迴盪。」無論如何也想知道活著的目的，如果不知道，那就無法活下去。這就是人。有的人強辯說「不去想什麼目的，照樣也可以活下去」。但是，這樣的人既非幸福、也非不幸，大概只是太忙碌了吧。

靈魂深處的低語

一九九五年日本發生了阪神大地震。在地震造成的廢墟上，有許多救難隊員和義工奮不顧身地進行救援工作。一個老人九死一生地被救難隊員從倒塌的屋簷下救出來的時候，大家都流下喜悅的熱淚，對他的獲救表示祝賀。然而，這位六十七歲的老人後來卻說「當時死了就好了」，最終親手結束了自己的生命。做出這種選擇的，並非只有一、兩個人。

聽說，地震後他在簡陋的臨時住所裡生活時，曾經這樣自言自語，「爲什麼要活在這世界上呢？」「這種生活，難道還要繼續下去嗎？」當人在不幸與悲傷前碰壁時，就會強烈地反問自己「爲什麼要活著」。

物價調查會的資料上刊登過一篇題爲「人生的目的是什麼」的隨筆，其中寫道，每當收到寫著「考取了資格證書」「找到了新的愛好」之類文字的賀年片，就會產生一種複雜的情緒。

取得資格、有興趣愛好、身體健康，這些的確都是使人生更加豐富的重要因素。但是，你有沒有聽見靈魂在心底低語呢？「不過，你會死去的，你會很快死去的……」……孩子還需要學費，想過不亞於別人的生活，有時還想去打打高爾夫，爲了維持體面也想和朋友去喝幾杯，偶爾還想去旅行……就這樣找出各種理由，把對人生目的的思考一直往後推，直到死去的那一天。我擔心自己就是這樣走完人生。

——田中鶴昭〈人生的目的是什麼〉

（一九九九年三月日本建設物價調査會會計檢查資料）

我們總是找出各種理由，迴避對人生目的的思考。然而，「死亡的陰影已經逼近，還能這樣沉迷於興趣愛好嗎？」「不思考人生目的就死去，不覺得後悔嗎？」這樣的不安會逐漸加大。如同蛀牙初期只是偶爾輕微的酸痛，而隨著症狀加劇，有時會痛得睡不著覺。

活著本是想追求幸福，實質上卻在朝著最可怕的墳墓疾馳。沒有比這更加矛盾的事情了。爲活著而活著的人，就如同把「死亡」當成了活著的目的。

「臨終之時，一切都要崩潰。一生的辛苦就沒有回報嗎？」

「要是毫無心理準備就跳進死亡的深淵，那就悔之不及了。」

「現在應該做些什麼？」

在正視死亡這個確鑿無疑的未來時，就不得不思索最重要的問題——人生目的。

在黑暗中奔跑，無論得到什麼都不會有安心和滿足

「健康風潮」有點熱過頭了。什麼樣的飲食才不會得病？基因改造食品是否安

全？環境賀爾蒙會造成哪些危害？電視、雜誌等都非常熱中於討論這些問題。

要是醫生說「你得了感冒」，你不會大驚小怪。但要是說得了「癌症」「愛滋病」，你一定會驚恐萬分。因爲這些病會導致死亡。

德國哲學家蒂利希在《存在的勇氣》中說：哪怕只是一個瞬間，人也無法忍受死亡本身的「赤裸不安」。大概因爲直接面對死亡過於可怕，所以人類才會致力於解決疾病、環境這些問題。人們懼怕核戰爭、害怕地震、擔心經濟蕭條……其實歸根究柢，是因爲這些都與死亡相關。

有人說：「我們都是死神手上玩弄的小丑。」不論怎麼逃脫、掙扎，人其實只是一味地在向著死亡奔跑，而且對死後的情況一無所知。

還有什麼會比前途渺茫更令人感到不安的呢？因爲是在看不見前方的一片黑暗中奔跑，所以無論得到什麼，都不會有發自內心的喜悅。這就是使人生痛苦不斷的眞正原因。如果不明白這點，就不可能得到眞正的安心和滿足。斬斷痛苦的根源，體會到「生而爲人眞好」的生命喜悅，這才是人生的終極目的。

正視死亡，絕不是讓人生變得消沉，而是邁出讓生命的每一刻都放射出比太陽更加明亮的光輝的第一步。

正視死亡，斬斷苦惱的根源，才能明確眞正的人生目的

「人生的目的因人而異，所以要自己去尋找。」這樣的建議對於那些認眞地思考生存理由的人來說，顯得軟弱無力。

的確，如果找到自己能夠熱中的事業，會感到生活很充實，覺得這就是我的人生意義。但這只是忘記死亡陰影時的瞬間快樂。一旦聽到「你會很快死去」這靈魂的低語，即使做著自己喜歡的事，得到朝思暮想的東西，深深的苦惱依然揮之不去。

「夢想雖然實現了，卻仍然覺得空虛。」

「爲什麼在幸福的時刻，會感覺到莫名的悲傷？」

「短暫的燃燒、倉促的消失，難道這就是人生的全部體驗嗎？」

「就沒有從心底感到滿足的人生目的嗎？」

對於懷有這些疑問的人來說，「人生的目的要自己去尋找」的主張就等於是拋棄了他們。因爲人生目的因人而異的主張，無視所有人都要面對的死亡問題，並不具備從根本上解決人生苦惱的力量。

只有正視死亡，了解並斬斷苦惱的根源，才能得知「人生是多麼美好」「活著是爲了得到無比的幸福」，清楚明白人生的目的。

淚水化成珍珠的時刻

前面已經說過，柏拉圖在《會飲篇》中說，人類共同的人生目的是得到永恆的幸福。

所謂「知道人生目的」，就是知道「永恆的幸福」與「褪色的幸福」的不同，就是能夠區別「人生目的」與「人生目標」的不同。

幾乎所有的人生論都把「人生目的」與「人生目標」混爲一談，所以，區分它們的不同極其困難。而親鸞聖人將二者截然區分開來，鮮明地揭示了人生的目的。他在最重要的著作《教行信證》中一語道破：

由不知眞假，迷失如來廣大恩德。

——《教行信證》

所謂「不知眞假」，就是不知道「人生目的」（眞）與「人生目標、興趣愛好」（假）的不同。由於不知道人生目的，所以感受不到「生而爲人眞好」的生命喜悅。親鸞聖人稱其爲「迷失如來廣大恩德」。

實現人生目的的時刻，一切辛苦都將得到回報，流下的每一滴淚水都會化成珍珠回到自己的手裡。

「達成人生目的、得到永恆的幸福」，那會是什麼樣的世界呢？下面我將詳細說明。

【第二部】

親鸞聖人的回答

親鸞聖人簡介

在日本廣受歡迎的電視節目《你知道嗎?!》中介紹說，親鸞聖人是近百年來專家學者們最熱中研究的對象，日本歷史上最受矚目的人物。有人讚嘆聖人的堅強，有人佩服他食肉娶妻的勇氣，有人稱讚他對自身透徹的洞察力，有人驚嘆於他深遠無比的哲學思想，也有人爲他彌陀般的慈悲而感動哭泣。親鸞聖人到底是一位怎樣的人物呢？在這裡，簡單地介紹他的生平。

約八百三十年前（一一七三年）——生於京都（日本平安時代末期）

九歲——出家，入佛門

聖人四歲即喪父，八歲時又失去母親。幼年時代痛失雙親，這使聖人驚訝地意識到死亡也在步步逼近自己，於是，爲了解決生死大事，他年僅九歲就剃度出家，成爲了比叡山天台宗的僧侶。在山上，聖人全心全力按照《法華經》的教義刻苦修行了二十年，卻由於未能解決生死大事，於二十九歲時揮淚離開了比叡山。

二十九歲——依靠彌陀的誓願，實現人生目的

下山後不久，聖人即遇到了淨土宗的祖師法然上人❶，得知了眞實的佛法——阿彌陀佛的誓願。依靠彌陀誓願，聖人終於得以解決生死大事，實現了人生的目的。他隨即拜法然上人爲師，開始全力弘揚眞實佛法。

---

❶法然上人（一一三三至一二一二）：日本淨土宗的開山祖，親鸞聖人之師。主要著作為《選擇本願念佛集》。

三十一歲——打破佛門戒律，食肉娶妻

爲了闡揚彌陀誓願廣度一切眾生的眞意，親鸞聖人於三十一歲時打破佛門戒律，公然食肉娶妻。這在當時的佛教界引起軒然大波，使其備受四面八方的責難和攻擊。

三十五歲——被流放越後（新潟縣）

聖人三十五歲時，遭遇了日本佛教史上最嚴厲的彈壓。在這次彈壓中，親鸞聖人最初被判死罪，後改爲流放越後（今新潟縣）。在風雪嚴寒的越後之地苦度五個春秋之後，聖人來到關東（今東京一帶），在此處大力弘揚彌陀誓願，使眞實佛法傳遍了關東大地。

六十歲後——從關東回到京都

二十年後，年過花甲的聖人返回故鄉京都，此後直到九十歲去世爲止，一邊宣

揚彌陀誓願，一邊致力於寫作。聖人著述甚多，最重要的著作爲《教行信證》，其他還有《淨土和讚》《高僧和讚》《正像末和讚》《愚禿鈔》《唯信鈔文意》《一念多念證文》等，在本書中均有引用。

約七百四十年前（一二六三年）——九十歲圓寂（關於達成人生目的後的親鸞聖人，在二十八章中有詳細介紹。）

1 人類永恆的課題與親鸞聖人

物質豐富的社會

人，爲什麼活著？

這個古老而又常新的問題，兩千四百年前在希臘哲學家柏拉圖的對話集《高爾吉亞篇》中就被論述過。書中主角卡利克勒斯的回答是：任欲望不斷膨脹，然後盡最大可能地努力滿足自己的欲望，這才是人應有的生存方式。

生活在現代社會的我們，難道不正是卡利克勒斯的追隨者、信奉者嗎？十八世紀工業革命以來，人類開始使用機器大量製造產品。自此，如何隨心所欲地得到想要的東西、如何高效率地滿足欲望——人類的智慧和努力就聚焦在這一點上。

尤其是二十世紀，人們相信只要物質豐富就能得到幸福，極力歌頌物質文明的繁榮。同時，人的欲望也急遽膨脹。社會越是富裕，生產的商品越是繁複，消費者就越是想要新型電腦、液晶電視、新款車等更多的東西。美國的經濟學家加爾布雷思把這種現象稱爲「依賴效應」。

科學的發展日新月異。現在可以一邊走路、一邊和別人通話，連小學生都有手機，令人無法相信曾經還有過沒有手表的時代。微波爐節省了多少做飯的時間；ATM的出現使二十四小時的存取款成爲事實；透過網路銀行，在家就能查詢自己的存摺餘額和進行轉帳匯款。現在還研發出一種醫療用的超微型電腦，從吞入口中到排出體外爲止，可以即時顯示出消化器官的內部狀態。

人們的生活的確變得非常方便，但是爲什麼依然不能從心裡感受到幸福呢？想要的東西或許可以接連不斷地得到，然而欲壑難塡，無論得到什麼，人都無法滿足內心的飢渴。在日本等許多已開發國家，自殺者不斷增加，手段殘忍的犯罪案件也日益頻傳。新瀉縣發生監禁少女長達九年的事件，是日本犯罪史上前所未有的惡例。女孩被誘拐時只有九歲，二十八歲的犯人對她拳打腳踢，還使用高壓電流槍執行暴力，而且不許她發出聲音。她只好咬著自己的手臂或毛毯，忍受這種慘無人道的摧殘。

二〇〇〇年，少年犯罪出現迅速增加的趨勢。一個殺死家庭主婦的少年滿不在乎地宣稱：「我就是想體驗一下殺人的感覺。」一個十七歲的少年聽到這句話後，懊悔自己「被他搶先了」，於是劫持一輛公共汽車，殘殺一人，刺傷五人，使乘客長時間陷於極度恐懼中。而被警察逮捕後，他還滿不在乎地說：「我做了什麼壞事嗎？」還有一個十五歲的男學生，蓄意殺害同學一家，他手持利刃，闖到同學家裡，釀成三人死亡、三人重傷的慘案。這些案件，聽起來都令人不寒而慄。

宗教的眞正使命——愛因斯坦的呼喚

物質豐富，生活大爲改善，但這些並不能給人類帶來眞正的幸福。二十世紀正是證明這個道理的時代。雖然科學取得了長足進步，成爲人類史上最強大的手段，卻也被用於前所未有的大量屠殺，成爲幾乎毀滅人類自身的工具。

愛因斯坦呼籲，「科學用於何處？宗教的作用就是指明其目的所在*。」他在《我的世界觀》中也這樣寫道：「回答人生意義的是宗教。」二十一世紀被稱爲「宗教的世紀」，這正是因爲人們期盼著明確揭示人生目的的「眞正宗教」吧。

人生有目的嗎？

「有。所以大家要盡快實現！」

這是親鸞聖人畢生唯一的呼籲。將人類最重要的問題「人生目的」明確揭示出來的，正是親鸞聖人。如果知道聖人所闡明的人生目的，就一定會理解爲什麼有那麼多人對他的精神產生共鳴、爲之感動，並從中得到生存的勇氣。在本書的第二部中，筆者將引用聖人的話語來闡明人生的目的。

2 人生目的就是乘上「度難渡海大船」

彌陀誓願的大船

人是爲了什麼出生而來，爲了什麼在活著。爲什麼不論多麼痛苦也不能自殺？「人生的目的」是什麼？親鸞聖人的回答清楚明瞭，具有堅定的自信和勇氣：

「在波濤不絕的人生苦海中，有一艘大船能使我們心情明朗地渡過苦海。乘上這艘大船、活在未來永恆的幸福裡，這就是人生的目的。」

在其最重要的著作《教行信證》中，開篇就這樣寫道：

難思弘誓，度難渡海大船；無礙光明，破無明闇慧日。

——《教行信證》

「彌陀的誓願是一艘大船，它可以破除苦惱的根源——無明之闇，使我們心情明朗而愉快地渡過波濤洶湧的人生苦海。乘上這艘大船才是人生目的。」

這是向全人類發出的一大宣言。

「乘上渡我們過苦海的大船」，這正是本書所要闡述的課題。那麼這是什麼意思呢？用一句話來說就是「破除苦惱的根源——無明之闇，獲得『生而爲人眞好』的巨大生命喜悅」。

儘管聖人的著作很多，但可以說，這是貫穿始終的唯一主題。

人並非爲了痛苦而生

如上所述，聖人把人生比喻爲痛苦的波濤不曾停息的大海，稱之爲「難渡海」「苦海」。

一統日本天下的德川家康曾這樣感慨自己的人生，「如同負重荷，行遠路。」他至死也未能卸下苦惱的重負。超級樂觀主義者歌德也感嘆，「我的生活最終只是痛苦和重負，在七十五年的生涯中，眞正感到幸福的不到四個星期。*」

從文豪們的慨嘆中，也可以窺見人生的實態。一生自由奔放的女作家林芙美子❶說道：「花之生命短，唯有痛苦多。」夏目漱石在給妻子的信中這樣寫道：「人或許就是爲痛苦而生的動物。」芥川龍之介也說：「人生比地獄還要地獄。」（《侏儒的話》）

其實，不用聽這些愁苦的哀嘆，「人生是苦」——兩千五百年前釋迦牟尼佛留下的這句金言，早已得到人們的認同。

但是，我們絕非爲了痛苦而生，也不是爲了痛苦而活。所有人的終極願望只有一個，那就是苦惱盡消、得以明朗而快樂地渡過人生苦海。

如何實現這個願望，這才是人類最大的課題。回答這個問題的，正是《教行信證》。

---

❶林芙美子（一九〇三至一九五一）：日本女小說家。代表作有《放浪記》《晚菊》等。

3 當務之急——查明苦惱真正的根源

翻過這座山坡，會有幸福在等著我嗎？

人爲什麼會痛苦呢？

挨打之後，動物只會尖叫著逃跑，人卻會思考：挨打的原因是什麼？怎麼做才能不挨打呢？

任何事情，如果不明其因或者判斷錯誤，結果都會很糟糕。本來能治好的疾病也變得無藥可救。比如說肚子痛，這究竟是胃潰瘍引起的？還是癌症引起的？或者是神經性疼痛？沒有準確的診斷，就不會有正確的治療，自然也無法解除患者的痛苦。有句諺語說「屁股抹眼藥」，這並非只是個讓人一笑置之的比喻，如果把胃癌誤診爲胃潰瘍，會是什麼樣的結果呢？只會留下無盡的後悔。所以，查清病因是治療的當務之急。

同樣地，要想開拓出無比安樂的人生，就必須先正視「人生是苦」的實相，辨明造成這種痛苦的罪魁禍首。可以說，查明苦惱的根源是人類最大的當務之急。

親鸞聖人一語道破了苦惱的眞正原因。

還來生死輪轉家，決以疑情爲所止。

——《教行信證》

首先解釋「還來生死輪轉家」。「生死輪轉」亦稱「流轉輪迴」，是指在圓周上無休止地轉圈，永遠無法到達安心、滿足之終點的痛苦。親鸞聖人把這個無法擺脫的痛苦，比喻爲人無法離開的「家」，就是「永無終止的人生之苦」的意思。

杜斯妥也夫斯基根據自己在西伯利亞服苦役的體驗，在《死屋手記》中寫道：最殘酷的刑罰就是強制進行「毫無用處、毫無意義」的勞動。犯人在監獄羈押期間，被強迫燒磚、抹牆、種地。這些雖然都是強制性的苦役，但工作尚有目的性。透過勞動，能夠生產糧食、建造房屋，進而感受到自己勞動的意義。所以，即使艱苦也能夠忍受。

然而，如果處以這樣的刑罰，會怎麼樣呢？

把一座很大的土山從甲地搬到乙地。大汗淋漓地完成任務以後，又被命令把這座土山再搬回甲地。土山搬回原地後，再被命令搬到乙地，這樣反反覆覆……如果被強迫進行這種沒有目的、沒有意義的勞動，那會怎麼樣呢？受刑者若不是如同杜斯妥也夫斯基所說的那樣，「只要幹四、五天，就會上吊自殺」，不然就發瘋了，一頭撞死在石頭上。這就是「永無休止之苦」的刑罰。

而人的一生，不也是這樣嗎？

一心欲翻越，
終登此山峰。

放眼望前方，
山路猶重重。

疾病的痛苦、愛人或親人的逝去、意想不到的事故、家庭及公司的人際糾紛、鄰里間的衝突；還有升學考試、升遷競爭、突然的解僱、貸款的負累、老後的不安……剛剛克服了一個困難，以為終於得到了幸福，下一個苦惱又接踵而來。猶如三途川畔壘石塔❶，用汗水和淚水營造的任何幸福都會在轉瞬間崩潰坍塌。「怎麼會是這樣?!」面對意想不到的天災人禍，人們不知道多少次為之震驚、悲傷與哀嘆。

「只要翻過這座山，幸福就在等待我。心中相信這句話，越過七嶺四十坡*。」這首歌之所以會風行一時，也是因為能引起大家共鳴的緣故吧。

相信「只要翻過這座山坡，就一定能夠得到幸福」，因此不顧一切地努力攀登。卻在翻過這座山坡以後，看見眼前矗立著更高更陡的山峰。於是只好再次振作精神，搖搖晃晃地站起來，心想「只要再翻過這座山梁……」，氣喘吁吁地繼續攀登。人生不就是在不停地重複著這個過程嗎？親鸞聖人把這樣的人生叫做「還來生死輪轉家」。

我很早以前就在椰子樹下午睡了

在人生苦海的驚濤駭浪中，經常會聽到這樣的嘆息，「要是我能有錢……」「要是我有財產……」「要是我有名氣……」「要是我有地位……」「要是我有個家……」「要是我有戀人……」等。

人們似乎把苦惱歸咎於上述原因，朝著這些漂蕩於人生苦海中的木板拚命游去，試圖抓住它們。然而，依靠它們就能夠渡過苦海嗎？

下面介紹一則令人深思的小故事。地點是在南方的某個國家，主角是一個美國人和一個當地人。

❶佛教故事裡說，小孩死後，在前往冥土的三途川畔揀小石頭壘小塔，以慰藉痛苦。但是，鬼馬上就會來把石塔推倒。所以孩子們不得不一次次重新壘塔。這個故事在這裡比喻徒勞無益。

美國人抓住總在椰子樹下睡午覺的當地人，開始說教：
「別這麼懶，你應該去幹活賺點錢。」
本地人瞪眼看著美國人，說道：「賺錢幹什麼？」
「存在銀行裡，會變成很多錢的。」
「要那麼多錢幹什麼？」
「可以蓋漂亮的房子啊。要是有更多的錢，還可以在暖和的地方蓋別墅。」
「蓋別墅幹什麼？」
「可以在別墅院子裡的椰子樹下午睡啊。」
「我很早以前就一直在椰子樹下午睡了。」
我們的周圍充滿了這種不能自圓其說的幸福論。

爲什麼戴安娜王妃也會五次自殺？

如果像大多數人認爲的那樣，苦惱的根源就是缺少金錢財富、名譽地位，那麼擁有了這一切的人生，一定會充滿了幸福和喜悅。然而，實際情況又是如何呢？歷史上的事例固然不勝枚舉，現實中的悲慘亦讓人目不忍睹。

英國皇室之花戴安娜曾是萬人憧憬的對象。無論是她美麗的容貌、灰姑娘般的傳奇經歷，還是那一場「世紀婚姻」，都令世人羨慕不已。然而，她曾經五次試圖自殺。由此可見，她的心中也充滿了不爲人知的苦惱。

日本第一位榮膺諾貝爾文學獎的作家川端康成，儘管才華橫溢、名滿天下，最後卻用瓦斯自殺了。他想必也是一個苦惱的人吧。

美國的卡羅瑟斯❷是尼龍纖維的發明者。這項劃時代的發明使襪子的耐磨程度倍增。據說他所在的杜邦公司給予了這位天才化學家十分破格的待遇：一生中無論去任何地方旅行、無論在多麼高級的餐廳用餐，所有費用都由公司負擔。杜邦公司大概認爲，如果讓卡羅瑟斯有所不滿，一定會給公司帶來巨大損失。與之相比，即使支付他

❷卡羅瑟斯（一八九六至一九三七）：美國化學家，尼龍的發明者，為合成纖維工業奠定了基礎。

一生吃喝玩樂的費用，代價也是低廉的。但是，這個卡羅瑟斯卻在四十一歲意氣風發的時候自殺了。

如果說沒有金錢財富、名譽地位是人生苦惱的根源，那就不會出現這樣的結果吧。

> 無田亦憂欲有田，無宅亦憂欲有宅。有田憂田，有宅憂宅。牛馬六畜、奴婢錢財、衣食什物，復共憂之。有無同然。
>
> ——《大無量壽經》

「沒有田地房宅，就爲了得到這些而痛苦。有了田地房宅，又爲管理和維持而苦惱。其他也是如此。」

金錢、財產、名譽、地位、家眷……沒有這些，人們會因爲沒有這些而苦惱；一旦擁有，又因爲這些而生出別的苦惱。可以說，擁有的人是被「金鎖鏈」拴著，沒有的人是被「鐵鎖鏈」拴著。不論鎖鏈是金的還是鐵的，處在痛苦中的實態都不會有任何改變。釋迦牟尼佛稱之為「有無同然」。

除非知道苦惱的眞正根源，並將其根除，否則，不管擁有多少財富和權力，哪怕能夠飛上太空，也無法卸下人生的重負。

4 診斷——苦惱的根源是「無明之闇」

人生苦惱的根源是什麼？親鸞聖人的回答簡潔而明確。

決以疑情爲所止。

——《教行信證》

「只有疑情這一個原因。」聖人斬釘截鐵的話語中沒有絲毫的猶疑。他畢生講授的就是「如何消除苦惱」這一件事，所以這樣明確的斷言極多。

聖人所斷言的苦惱唯一的根源——疑情，就是對死後會如何一無所知的心，也叫做「無明之闇」。關於無明之闇，將從下一章開始闡述。

聽到苦惱的根源是無明之闇，大概不會有人頷首稱是。大多數人會驚訝不已，「什麼?!那是什麼?」或者迷惑不解，「沒聽說過，也沒見到過。」

就連那些正視自我、嚴格自省的人，大概也認爲苦惱是由欲望、憤怒、嫉妒等造成的。而這些，在佛教裡被稱爲「煩惱」。

親鸞聖人與煩惱苦鬥二十年

櫻花雖易逝，
猶信明日在。
焉知夜半裡，
風雨會否來。

親鸞聖人四歲喪父、八歲喪母，他意識到下一個死去的將會是自己，震驚於步步逼近的死亡陰影，於是出家爲僧。這首短歌就是他出家時吟詠的。

聖人九歲入佛門，此後二十年一直在日本佛教的中心比叡山修行。這二十年的歲月，正可謂是和煩惱搏鬥的日日夜夜。在《歎德文》這部古書裡生動地記述了他當時苦鬥的情形。

雖凝定水，識浪頻動；雖觀心月，妄雲猶覆。而一息不追，千載長往。何貪浮生之交眾，徒疲假名之修學。須拋勢利，直悕出離。

——《歎德文》

寂靜的夜裡，獨自在山上努力修行的親鸞聖人看到月光下的琵琶湖澄澈如鏡。

「爲什麼自己的心不能像湖水那樣平靜呢？不該想的事浮現在腦海，不該思慮的事偏偏湧上心頭，可怕的念頭噴湧而出。爲什麼欲望與憤怒在心中如波濤般洶湧澎湃？這顆心，無論如何必須平靜下來……」

面對平靜無波的湖水，聖人爲自己心中翻滾的煩惱而哭泣。他抬起朦朧的淚眼望著夜空，只見皓月高懸、月光如水。

「爲什麼就不能像看見這輪月亮一樣看到悟道的明月呢？亂雲翻滾，遮蔽我心中的天空。難道我就必須懷著如此黑暗之心死去嗎？」

一呼一吸之間，他知道自己正步步逼近無盡痛苦的世界，爲此坐立不安。如此大事尚未解決，又怎能讓時光虛度？必須盡快拋棄一切俗念，解決這個根本大事。

對於親鸞聖人來說，已經沒有絲毫猶豫不決的時間了。爲了尋找能夠引導自己解決這個根本大事的大德高僧，他離開了留下許多回憶的比叡山。上面這段話正是描寫揮淚下山的親鸞聖人的痛苦心情。

不久，親鸞聖人終於遇到了法然上人，得以聆聽法然上人闡述的彌陀誓願——根除苦惱的根源「無明之闇」、給予我們歡喜無量生命的誓願。此時，親鸞聖人驚喜交織的心情，一定是他人無法想像的。

邂逅法然上人

得遇眞實之知識，
實是難中之更難。
流轉輪迴無邊際，
唯以疑情爲障礙。

——《高僧和讚》

「遇見講說苦惱的根源乃『無明之闇』、教授眞正佛法的人，實在是極難之事。」

聖人終於得遇恩師法然上人的激動，以及得知苦惱眞因的感動之情彷佛躍然紙上。

上述和讚中的「知識」，並非我們平時所說的「科學知識」等含意的知識，而是指傳播佛法的人。所謂「眞知識」，就是教授眞正佛法的老師。

今天的日本人一聽到佛教，會想到什麼呢？恐怕是依靠舉辦喪事、做法事、念經謀生的喪禮佛教；是求神籤、焚燒護摩木以求神佛保祐現世幸福的祈禱佛教；是把寺院、大佛作爲營利工具的觀光佛教；是熱中社會事業勝過信仰，四處奔走經營學校、幼稚園的事業佛教；是把寺院的院子作爲停車場出租、自己擔任學校教師等職業以謀生計的兼職佛教；是藉口開山祖師及中興上人的法事斂財的遠忌佛教等。

當然，這些都是連佛法都稱不上的。在現代，即使還有講述佛法的僧侶，也都是在告訴人們欲望、憤怒、嫉妒等「煩惱」是苦惱的根源，教導人們如何面對這些煩惱。而指出苦惱的根源是「無明之闇」的「眞知識」，卻可以說是寥若晨星。

所以，親鸞聖人對自己能遇到教導「流轉輪迴無邊際，唯以疑情爲障礙」（苦惱的根源就是無明之闇）的法然上人高興至極，他感慨這是「得遇眞實之知識，實是難中之更難」（親鸞能夠遇到教授眞正佛法的老師，是何等幸福啊！），這也是可以理解的。

聖人甚至還用下面這樣一段充滿眞情的話語，表達他遇到明師法然上人的興奮，以及無明之闇被破除後的喜悅之情。

雖經曠劫多生久，
未知出離有強緣。
本師源空若不在，
此生虛度又一回。

——《高僧和讚》

「不論是苦惱的根源，還是破除苦惱根源的彌陀誓願的存在，自無限遙遠的往昔以來，親鸞我都不曾知道過。如果沒有遇到眞正的佛教明師，我就不會知道人生的目的以及實現這個目的的道路。失去這唯一的得救機會，無疑將永沉苦海。親鸞我在千鈞一髮之際被法然（源空）上人拯救了。」

那麼，被斷定爲苦惱根源的「無明之闇」又是什麼呢？

5 無明之闇——不知死後去向的心

所有人都乘坐在百分之百會墜毀的飛機上

所謂「無明之闇」，就是不知道死後將會如何，對死後的去向一無所知的心。

一提到死亡的話題，人們就覺得不吉利，有的還會告誡說：「要是說這種話，你也馬上就會死的，快閉嘴吧！」如果真是如此，那麼談論金錢就能馬上賺到錢、談諾貝爾獎就能獲獎、說想要房子就會立刻擁有了。對死亡的忌諱如此可笑，在世間卻四處可見。

大概因爲一聽到「四」就聯想到「死」，所以有的醫院沒有四號病房，連電梯也沒有四層樓。可見，對這個誰也無法避免的人生終點，人們忌諱到何種程度。

前往冥土路途上，
元旦是塊里程碑。
可慶之人亦有之，
可悲之人亦有之。

一休❶和尚說，所有的人都是「前往冥土的旅客」。「冥土」就是指死後的世界。人生無疑就是通往冥土的旅程，活一天就離死近一天。即使全世界的鐘表都停止不動，也無法阻止人走向死亡。這對每個人來說都是嚴酷的事實。沒有人願意乘坐必定會墜毀的飛機，但是我們從出生的那一天起就坐上了這樣的飛機。

瀕臨死亡時……

死是所有人不可迴避的未來，但是卻沒有人認眞地加以思考。也許是因爲不想考慮吧。碰到熟人、朋友、親人突然死去，不得不想到死亡時，雖然也感覺到令人戰慄的不安和恐懼，但那只是暫時的，很快就會忘在腦後，依然只有每天的生活占據心中。即使承認死是自己百分之百確鑿無疑的未來，也總以爲還是很遠的事。

有一位醫生臨終前曾留下這樣一句話，「死乃他人事，迄今如是想。而今自己死，思之已欲狂。」看別人死去與面對自己的死亡，就像在動物園裡看老虎與在山上遇見老虎一樣，心情大不相同。

面對別人的死亡，即使感覺到「令人戰慄的不安和恐懼」，但死還只是存在於想像之中，不過是在觀看籠中的老虎，不必擔心老虎會撲過來，並非是在山上突然遇到了猛虎。

但是，要是被醫生告知「你已經是癌症晚期，最多只能活一個月」，那又會怎麼樣呢？

東京大學宗教學教授岸本英夫說：到了這個時候，其他的一切都不再重要，只剩

❶一休（一三九四至一四八一）：日本的禪宗僧侶。

下一個十萬火急的問題——死後將會如何。岸本教授去世之前，曾與癌症搏鬥了十年之久。他直接面對死亡的紀錄極其慘烈。

> 仔細想想，生命終結究竟是怎麼一回事呢？不言而喻，這是人的肉體生命的結束。呼吸停止，心臟停止跳動。……但是，構成人這個生命體的不僅僅是單純生理意義上的肉體，至少在活著的時候，人還是精神的個體。這是常識。在活著時，具有「自我」這個意識，存在著「我」這個自我。於是，問題就集中在這個「自我」死後將會如何這一點上。對於人來說，這成爲非常大的問題。
>
> ——岸本英夫《凝視死亡之心》

「死後將會如何」才是最大的問題

有人嘴上堅持說「哪裡有什麼死後的世界」，但是他在親戚朋友死去時，也會到

「靈前」祈禱「冥福」。「靈前」是死者的靈魂面前，「冥福」是死者在冥土的幸福，都是以死後世界的存在作爲前提條件。有的人甚至還流著淚向死者說「安息吧」「往生淨土吧」等。如果是遇難而死，還往往從空中或船上拋撒花束和飲料食物。這絕非是單純的儀式。他們的表情非常嚴肅、動作非常恭敬。

每年八月，在日本都要舉行「陣亡者慰靈祭」（祭奠陣亡者的儀式）。對於幸福的人，我們通常不會給予安慰，因爲沒有這個必要。如果不是承認死者的靈魂存在，並且認爲他們需要安慰，就不會舉行這些儀式。一邊否定死後的世界，一邊卻爲死者祈禱冥福——人們心底其實是不能徹底否定死後世界的存在吧。

如果有人笑著辯解說「是社交需要」，那一定是他還沒有遇到失去親人的痛苦，正處在幸福中。

「死後是怎麼回事，等死了以後才知道，別盡想這無聊的問題。」對待死亡，人們拒絕思索。但是，對火災等飛來橫禍及老後的生活卻異常擔憂。實際上，多數人都不會遇到火災，如果年紀輕輕就死去，也就不存在晚年如何生活的問題。儘管如此，人們還是會加入火災保險，還是在爲老後的生活而拚命儲蓄。似乎沒有人會說：「老後會怎麼樣，到老了以後再說吧。別盡想這無聊的問題。」如此認眞地看待火災、老年等問題，卻並不把自己將來確實會發生的後生之事放在心上，人們還沒有意識到這種自相矛盾的存在。

「想又有什麼用啊？」「到時再說吧。」「想這種事，別活了。」死亡是如此地讓人難以正視。在死亡面前，難道人就只能或「絕望」、或「做毫無意義的最後掙扎」嗎？

身體健康的時候，人們對死的態度都很輕鬆樂觀：「死是人生的休息」「是長眠」「沒什麼可怕的」。然而一旦死亡來臨，只有「死後會怎麼樣」成爲唯一關心的問題。人在死後是否還存在？會變成什麼樣？我們對此一無所知，處於一片漆黑的狀態。

這種不知道死後將會如何的心，被稱爲「無明之闇」，也稱爲「後生黑暗之心」。「後生」是指死後，「黑暗」是一無所知的意思。對死後的去處一無所知的心，即是本書所闡述的「後生黑暗之心」，亦即「無明之闇」。

6 為什麼無明之闇是苦惱的根源

「死後將會如何」的不安

大概許多人會有這樣的疑問：「後生黑暗之心」爲什麼是現在苦惱的根源？

如果對未來感到黑暗，會怎麼樣呢？可以用這樣的例子試著想像：三天後即將面臨重要考試的學生，他現在就會感到心情黯淡；五天後就要動大手術的患者，他現在就已經做不到快樂安然地度日。

如果未來黑暗，現在也就變得黑暗。想一想乘坐在被告知飛機即將墜毀的乘客，就會明白這種狀態。無論什麼飯菜都沒有味道，看什麼喜劇片也笑不出來，別說舒適愉快的空中旅行，簡直就是心驚膽跳、驚慌失措，恐怕還會有人哭泣叫喊。在這種情沉下，乘客苦惱的根源是即將發生的墜機事故。但其實，不僅墜機的瞬間是可怕的，一分一秒地向著悲慘結局飛行的過程本身就是痛苦的地獄。

如果未來黑暗，現在也就變得黑暗；而現在之所以黑暗，就是因爲未來黑暗。對死後的不安與現在的不安密不可分，如果後生一片黑暗，就根本無法建構光明的現在。

托爾斯泰在近五十歲時，意識到這個問題。也許今天或明天，自己就可能死去，又怎麼能安心快樂地活著呢？他驚駭得甚至無法工作。

> 我只是驚訝，對這樣的事爲什麼當初無法理解？這種事不是自古以來人人皆知嗎？如果今天或明天，疾病、死亡降臨在自己所愛的人或自己頭上（其實以前就曾有過），除了死的腐臭和蛆蟲，不會留下任何別的東西。我的工作，不論是什麼樣的工作，遲早都會被人忘得一乾二淨，我也將會死去。如果這樣的話，爲什麼要辛辛苦苦地活著呢？人們竟然察覺不到這一點！——這實在令人震驚！沉醉在甜蜜生活時，也許還能活下去，

但一旦清醒過來，就會發現這一切都是欺騙，而且是愚蠢的欺騙。

——托爾斯泰《懺悔*》

摯愛的親人，也終有一天要面對這可怕的死亡。想到這些，家庭、藝術等生活中的甜蜜也都變得淡然無味。作為作家，托爾斯泰的創作生涯一帆風順，但當他凝視確定無疑的未來——死亡時，他的世界就破裂成無數的碎片，一切都失去了光芒。

巴斯卡曾經憂心忡忡地說：「我們遮住眼睛不讓自己看見前方的斷崖，然後毫不在意地跳進萬丈深淵**。」仔細一想，我們就如同是在黑暗中奔跑。「死後將會如何？」這種對即將進入陌生世界的不安和恐懼，如果不用某種方法加以掩飾、欺瞞，就無法活下去。可以說，只要後生黑暗之心不消失，物質文明的進步只不過是掩飾這種不安的方法上的變化而已。但是，欺騙不能夠長久持續，也無助於任何問題的解決。所以，人生必然會如火宅般不安，無論得到什麼，帶來的都只是瞬間的快樂，無法感受到發自內心的安心和滿足。

人生目的就擺在眼前

如果把人的出生比喻爲飛機從航空母艦上起飛，那麼人生的艱苦拚搏就如同與亂流、暴風雨的搏鬥，與敵機的交戰。當激烈的戰鬥結束返回時，卻不見航空母艦的蹤影，只有無邊無際的海洋。這個時候，如果飛機燃料已盡，那會怎麼樣呢？長時間的惡戰苦鬥究竟又有什麼意義呢？簡直是愚蠢！愚蠢至極……

> 大命將終，悔懼交至。
>
> ——《大無量壽經》

「臨死時，後悔與恐懼的心情交替產生。」這裡所說的無疑是飛機墜落大海時的心境。對於飛機來說，沒有比墜毀更大的事情了。同樣地，人生中沒有比死更大的事情。因此這被稱爲「生死一大事」或「後生一大事」。

兩千年前，羅馬思想家塞內卡❶曾說過：人在臨終前都會這樣想，這一生一直都在虛度年華，追求的目標全是錯誤的。擁有才華、財產、權力，雖然會被他人所羨慕，自己卻感覺不到愉快和滿足。爲什麼沒有去追求能從心底感到滿足的幸福呢？留下的只有後悔和嘆息。

「不應該是這樣的！」這種後悔一定是出於對黑暗的後生（無明之闇）感到震驚的人。這是一個不到人生終結之時誰也意識不到的陷阱。正因如此，俄國小說家契訶夫在其代表作《六號病房》中才會有「人生是個可惡的圈套」這樣的表述吧。

世人薄俗，共爭不急之事。

——《大無量壽經》

釋迦牟尼佛向世人敲響警鐘，「世上之人，一心只考慮眼前的事情，根本不知道

❶塞內卡（約西元前四至西元六十五年）：古羅馬哲學家、詩人。

破除無明之闇這一人生大事。」

親鸞聖人也斷言無明之闇乃苦惱的根源，他明確指出，只有破除無明之闇，得到無盡的法悅，才是人生目的。聖人的教導何等準確鮮明。

如果知道這生死大事，人生目的是否存在的爭論必然會消失無形。

因爲人生的目的就擺在眼前。

7 「王舍城的悲劇」與人生目的

1

難思弘誓，度難度海大船。

——《教行信證》

「彌陀的誓願是一艘大船，它能夠破除無明之闇，使我們心情明朗而愉快地渡過波濤不斷的人生苦海。乘上這艘大船就是人生目的。」在《教行信證》的序文中，親鸞聖人首先爲我們指明了人生的目的。之後，聖人講說了釋尊在世時，韋提希夫人被載上彌陀的大船，圓滿地實現了這個人生目的的一段史實。這是發生在王舍城的一個悲劇，韋提希夫人就是其中的主角。故事的情節大致如下。

2

大約兩千五百年前，印度最強大的國家是頻婆娑羅王統治的摩竭陀國。他稱王稱霸、威震四方。王后被稱爲韋提希夫人，據說美豔如花。國王夫婦居住在王舍城中，他們看起來無比幸福，其實卻有著難以啓齒的苦惱。

因爲他們久不生子。當然，世上有許多夫妻爲沒有孩子而苦惱，然而，對統治者來說，無後似乎更是一個嚴重的問題。因爲他們害怕自己去世後，權力被別人奪走，而且會遭受報復。頻婆娑羅王夫妻雖然權傾天下，但隨著年齡漸老，對前途的憂慮不安非同尋常。苦惱地思來想去，這個最高統治者最後也只好把希望寄託在占卜問卦上。心靈的不安往往會迷惑人的理智。

算命先生聽完國王夫婦懇切的願望，沉思片刻，神奇高妙地說道：「大王不必擔心，太子很快就會誕生。」

國王夫婦驚喜地探身問道：「噢，是眞的嗎？」

「據我看來，在深山老林裡長年苦修的一個老人壽命終結之時，就是太子誕生之日。」

國王夫婦聽後，大喜過望：「那麼，那個修行者的壽命還有多長？」

「還有五年。」

一聽說還有五年，兩人立刻轉喜爲憂。尤其是韋提希夫人非常沮喪。因爲她已經快到不能生育的年齡，不能再等了，必須立刻就懷上孩子。韋提希夫人已經等不下去了。

「那樣的話，我可不行。有沒有法子快一點？」

算命先生被夫人逼問，只好吞吞吐吐地說：「也不是……完全不行……可是……」

頻婆娑羅王也迫不及待地問道：「那怎麼辦？」

「這……只要修行者早死……不，不，請陛下明鑒，我絕不是那個意思。」算命先生拚命表白不是自己的主意。

「只要修行者早死……」國王自言自語地反覆念著。

國王想來想去，無法下定決心，第二天召集重臣商議。

「我們也都希望繼承者盡快誕生，但是恐怕不宜爲此而殺死修行者……還是再等等較好……」大多數臣子的意見還是不同意採取極端的行動。

「噢，大家都這麼認爲啊。」

當頻婆娑羅王終於表示考慮大家的意見時，坐在一旁的韋提希急忙用力拉了拉丈夫的衣袖，把他叫到旁邊的屋子，情緒激動地訓責丈夫，「您可要拿定主意啊！」

頻婆娑羅王覺得奇怪，問道：「妳爲什麼發這麼大的火？」韋提希氣勢洶洶地說：「您難道還不明白那些傢伙的計謀嗎？」頻婆娑羅王依然莫名其妙，「他們有什麼計謀？」「您還蒙在鼓裡，什麼也不知道！」「什麼蒙在鼓裡？究竟怎麼回事？」

「再等五年，我還能生嗎？」

糊塗的頻婆娑羅王一下子醒悟過來，對自己沒想到這一點感到羞愧。

韋提希立刻自滿地乘勝追擊，「您難道還沒覺察到嗎？那些傢伙都在盯著王位……」

頻婆娑羅王終於明白事態的嚴重，但是他還是勸慰妻子，「也許的確如妳所說的那樣，可是……韋提希，那也不至於殺人吧……更何況他是一個修行者。」

但是，韋提希無論如何想立刻懷孕生子，這種欲望如同熊熊燃燒的烈火，國王的勸說對她來說只是火上加油。

「您怎麼能這麼說?!爲了爭奪一點點土地，您甚至發動戰爭，不知殺死了多少人。相比之下，我們這樣做是爲了後繼有人，而且是大家都會高興的事情啊。」

被妻子提起自己過去的所作所爲，頻婆娑羅王自覺理虧，無言以對。這時韋提希說出她的眞心話，「這樣做好像修行者很可憐，但是那個老人現在有什麼樂趣呢?還不如轉生爲我們的孩子，他會多麼幸福啊。讓他去死不也是爲他好嗎?」

這種邏輯實在蠻不講理。但是，歷史已經證明，古今中外的統治者都是這樣。凡是自己不滿意的人、不服從自己的人，不問青紅皀白，一律處死。可以說，韋提希夫人典型地表現出統治者傲慢殘忍、冷酷無情的本質。

那美妙的聲音，
是吃蜥蜴的杜鵑，
發出來的嗎?

表面慈眉善目，其實心狠手辣，連螞蟻也不敢踩的貴婦人卻能生出如此狠毒的念頭，這大概也是出於權力的殘酷性吧。

頻婆娑羅王在妻子的極力說服下，終於決定殺死修行者，於是親自帶領士兵進入深山。他看見一個老人坐在石頭上閉目冥想，便態度蠻橫地說道：「喂，修行者，還在努力啊。」

修行者睜開眼睛，抬頭一看，望見是頻婆娑羅王夫婦騎著白象來訪，大吃一驚，「這……國王、王后陛下，怎麼大駕光臨到這深山裡來……」

頻婆娑羅王看著低頭誠惶誠恐的修行者，傲慢地回答說：「我們特地遠道而來，其實是爲了你。大概你還不知道吧，你來世會變成我的兒子。我想，早一點成爲我的兒子，對你有好處。」

當然，頻婆娑羅王的要求遭到修行者的斷然拒絕，「謝謝您的這番話，可是我不管下輩子生在誰家，修行未果，就不想死。」

不論身分多麼低賤，絕不會有人服從這蠻不講理的命令。但是，也不會有統治者容許不服從自己命令的人存在。

「不服從我的命令，就不許在我的國家裡生存！」

頻婆娑羅王勃然大怒，命令部下殺死修行者。即使是修行者，也一樣珍惜自己的生命。他全身鮮血噴湧，怒不可遏地瞪著國王夫婦，留下一句悲痛的詛咒「此仇必報！」斷氣絕命。

3

不久，韋提希夫人懷孕了。王舍城內外都爲即將誕生王位繼承人而歡欣鼓舞。但是，只有韋提希夫人鬱鬱寡歡。儘管這是她盼望已久的孩子，卻由於高齡分娩而感到惴惴不安，再加上預感到自己唆使丈夫殺害修行者的報應，終日膽戰心驚。

韋提希白天黑夜耳邊都響著修行者的那一句咒語，惶惶終日，寢食難安。由於無法忍受心靈的折磨，她經常半夜推醒丈夫，訴說痛苦的心情，「我非常害怕，夜裡一點都睡不著，也幾乎沒有什麼食欲。不會是修行者作祟吧？啊，我害怕極了。」韋提希夫人全身顫抖，緊緊抱著丈夫。頻婆娑羅王只好努力安慰她，「別胡思亂想，這樣傷身體。被殺的人都是那個樣子的，誰還會說感謝的話啊。妳是第一次看見那種場面，受了驚嚇而已……」

歲月流逝，將近臨盆時，韋提希夫人身心更加憔悴，於是痛哭流涕地向丈夫說，再把算命先生叫來，請他指點。

「再叫他來一次，告訴我懷了什麼樣的孩子，也許這樣我就能放下心來。」

頻婆娑羅王束手無策，只好對韋提希言聽計從，立即把算命先生叫來。算命先生皺著眉頭說道：「您懷的肯定是太子，不過結怨太深。他成年以後，一定會危害你們的。」

「果然不出所料……」韋提希夫人對自己的預感即將成眞不寒而慄。她萬萬沒想到，自己千辛萬苦懷上的孩子，竟然是仇敵！不過，她根本沒意識到這是自作自受，自食其果。她必須擺脫這個苦惱，實在無計可施，最後想出一個非常手段，並且迫使丈夫同意。

「我絕對不能把要殺害父母親的孩子生下來。這種東西，爲什麼要培養成人呢？

趁著現在感情還不深，趕快把他弄死。把產房設在二樓，然後在下面的房間裡擺上劍林，孩子一出生立刻就讓他落到下面去。現在也只好這樣了。」

頻婆娑羅王猶豫不決，雖然覺得這樣做未免太殘忍，但最後還是同意了韋提希的做法。

就這樣，產期到來時，韋提希夫人就在事先預定的房間裡分娩了。被逼得走投無路的人眞不知道會做出些什麼事情來。

必爲業緣至，無事不爲之。

——《歎異抄》❶

親鸞聖人曾說過：「只要緣分到來，親鸞我任何可怕之事都會做出來。」這無疑

❶《歎異抄》：日本古典名著。據說由親鸞聖人的弟子唯圓編著，其中寫有他記錄下來的聖人的話語。

是所有人共同的實相。

也許這孩子與這世間眞有緣分，他只是右手的小指被劍削掉，卻奇蹟般地保住了性命。

當父母親聽到自己孩子清脆的哭聲時，殺意頓時消失到九霄雲外。畢竟是親生的孩子，國王夫婦立刻給孩子取名爲阿闍世，如掌上明珠般精心撫養。當然，國王下達嚴厲的命令，絕對不許把阿闍世太子出生的經過洩漏出去。

4

阿闍世生性凶殘，毆打父母親及身邊的人是家常便飯，隨心所欲地殺害臣僕、草菅人命。而且出言不遜，粗暴謾罵，撒謊欺騙，驕奢淫逸，無惡不作。臣僕們膽顫心驚，國家實權逐漸被阿闍世掌握。

頻婆娑羅王和韋提希夫人看著這殘暴不孝的兒子，終日戰戰兢兢、提心吊膽，想到自己的將來黯淡無光，便強烈希望找到心靈的安寧。黑暗的心渴望光明之燈。他們開始悄悄地尋找眞正的幸福。果然，有追求就能得到，他們不久即遇到了巡迴說法的釋尊。

釋尊的說法如同久旱的甘霖，深深沁入頻婆娑羅王和韋提希夫人的心田。

「只有這位聖者才是照亮我們心靈的明燈。」

他們深深感動於深邃廣博的教理，很快就虔誠地皈依釋尊、守護佛法。由於國王夫婦皈依佛教，使聆聽釋尊教誨的人急遽增加。

但是，「木秀於林，風必摧之」，各式各樣的佛敵也隨之出現了。

其中最著名的是提婆達多。他是淨飯王（釋尊之父）的弟弟白飯王的長子，釋尊的堂兄弟。提婆原本就愛出鋒頭，對釋尊的聲名鵲起感到不快，一直密謀策畫殺死釋尊，自己成爲新佛取而代之，奪取教團。這是潛藏在每個人心中的嫉妒之毒火，它會變成燎原的烈焰，燒燬一切。

有天，他從山上把石頭推下去，企圖暗殺路過的釋尊，但只是砸傷了釋尊一隻腳的小趾頭。後來，他又讓野象喝酒，驅使野象去踩死釋尊，也沒有成功。那些翹起長鼻、震撼大地狂奔的野象一看見釋尊溫和慈祥的面容，就立刻垂下鼻子、屈膝下跪，沒有加害於他。

提婆達多謀害釋尊的陰謀一次又一次地失敗。但是他不肯善罷甘休。

「釋迦的那股力量究竟怎麼來的？肯定是因爲國王夫婦的皈依。如果是這樣的話，要消滅釋迦，就要先摧毀他們。可他們是最高統治者，有什麼妙計呢？」

提婆苦思冥想，突然一拍大腿：有了！原來他想到了阿闍世，「這傢伙正好派上用場。」

提婆知道阿闍世出生的來龍去脈，於是巧妙地接近他，像善於表演的名角那樣充滿自信、游刃有餘。年輕單純的阿闍世完全中了提婆的詭計，對他言聽計從。

有一天，兩人單獨在一起時，提婆說道：「太子，您知道您爲何沒有右手的小手指嗎？」

阿闍世懂事以後，曾經問過別人自己的右手爲什麼沒有小手指，但誰也沒有告訴他。所以一聽到提婆提起小手指，顯得異常關心，神情專注。提婆覺得獵物似乎已經走近自己設下的陷阱，於是抓住時機，信口開河，添油加醋地編造故事，挑撥離間，煽動阿闍世走上更加可怕的邪惡之路。

「您的父母親不但殺害了前世的您，而且今世也想殺害您。這小手指就是鐵證。」提婆的話說得有根有據，阿闍世怒不可遏，馬上命令臣僕把父王關進監獄，斷絕一切飲食，要把他餓死。

可憐的頻婆娑羅王，剛才還貴爲一國之君，如今卻變成了囚徒。

雖然經常聽釋尊說世事無常，但是自己的悲慘遭遇實在超乎想像。昨天今日，天壤之別，頻婆娑羅王親身體驗到佛說的眞實，痛不欲生。他從監獄的窗口向著釋尊所在的靈鷲山合掌膜拜，一心請求聆聽獲得心靈安寧的教導。

釋尊獲悉頻婆娑羅王的請求，便派最具神通力的目犍連和最善於說法的富樓那前往。在監獄裡，兩位釋尊弟子對頻婆娑羅王諄諄教誨因果報應的道理，「種瓜得瓜，種豆得豆，一切的結果都是源於自己播下的種子。」直到此時，頻婆娑羅王才知道自己犯下的惡業多麼可怕，流下痛苦懺悔之淚。

另一方面，韋提希夫人一心惦念獄中的丈夫，每天洗淨身體，把蕎麥粉抹在身上，把葡萄酒藏在裝飾品裡，以王后的身分進入戒備森嚴的牢獄，把這些食物帶給丈夫。由於釋尊弟子的教誨和韋提希夫人的暗中照料，頻婆娑羅王總算保持著身心健康。

阿闍世對此一無所知，過了三個星期，以為父親已經餓死了，可是一詢問，獄卒說出他始料未及的事。阿闍世聞之立即大發雷霆，「包庇我仇人的傢伙，即使是我的母親，也同樣是我的仇人！」

阿闍世拔劍逼向母親。

提婆的計謀眼看就要得逞。

左右臣子驚愕萬分。

大臣月光和名醫耆婆用身體擋住阿闍世，勸諫道：「有聞弒父篡位者，未聞戕害生母者。若犯如此大罪，我等以死相諫。」

臣子死諫，阿闍世只好把劍插回劍鞘裡，用氣得發抖的聲音嚴厲命令道：「免她一死，但要關進七重大獄。」阿闍世怒氣沖沖地離去。

5

韋提希夫人被自己一手撫養成人的親生兒子關進監獄，身心憔悴，苦不堪言。她用拳頭用力敲打昏暗的牆壁，瘋狂般地哭喊，發洩對兒子的憤怒、對提婆的憎恨、對丈夫的牽掛之情。然而，這慟哭叫喊的聲音只是無謂地在牢房裡迴盪。

韋提希痛苦得臉都扭曲了，她只好把最後的希望寄託在釋尊身上。她拚命地懇求拯救，但內心其實充滿了抱怨。

「釋尊啊，我這樣受苦受難，您怎麼還不來啊？」

她的心裡無疑滿懷著「我一直以來爲佛法盡了多少力啊」的強烈自負。

這時，釋尊正在講說《法華經》。他在開始講經之前強調，「今天要講說重要的教義。」眾人正聚精會神地聽講。然而於此同時，釋尊心中聽到了韋提希夫人悲痛的哭喊。洞察到韋提希內心的一切，釋尊立即停止講經，親自降臨王舍城。這確實非同尋常。

爲什麼釋尊會斷然做出這樣的舉動呢？

與在岸上玩耍的小孩相比，先去拯救溺水者才是當務之急。這正是佛的大慈大悲的表現。同時，這個舉動也證明，對韋提希夫人所說的彌陀的誓願，才是釋尊出世本懷中的本懷。

當韋提希知道釋尊中斷講法特地前來時，本應流下感激的淚水，但從她嘴裡說出來的卻依然只有怨言。

「沒有比我更倒楣的了。那麼辛辛苦苦養育成人的兒子，現在反過來這樣虐待我。我到底幹了什麼壞事啊？眞正可惡的是那個阿闍世。我怎麼會生出這個不孝之子啊?!」釋尊只是靜靜地聽著韋提希喋喋不休的哭罵抱怨。韋提希繼續說道，「其實阿闍世原本是一個老實的好孩子，都是那個大壞蛋提婆挑撥離間。最壞的是那個提婆。沒有他，就不會發生這種事。」

接著，韋提希竟然莫名其妙地遷怒到釋尊身上。「還有，釋尊爲什麼和提婆是堂兄弟呢？都是因爲您太偉大了，才使得提婆嫉妒，設下這個圈套，結果連累到我們……」

韋提希把女人常有的這種奇怪邏輯關係的怨言傾洩而出，哭成一個淚人。

如果要韋提希說出心裡的話，大概會是這樣，「我之所以這樣遭罪，都是因爲這個兒子。這個兒子之所以做出這樣狠心的行徑，都是因爲那個提婆。提婆之所以設下這種毒計，就是因爲您。所以，歸根究柢，我之所以這樣受苦受難，全是您造成的。」

韋提希一邊請求釋尊「救救我吧」、一邊卻把怨恨發洩在釋尊身上，然而她對此毫無察覺。釋尊聽著她愚蠢而可悲的怨言，依然用半開半闔的佛眼，充滿慈愛地靜靜注視著她。這就是「無言的說法」。因爲釋尊比誰都清楚，有時候沉默勝於雄辯。

人往往只對現實的結果感到震驚，卻幾乎完全沒有意識到過去自己播撒的種子。像王舍城的悲劇這樣典型地顯示出人的愚蠢、脆弱、自私、任性的例子恐怕不多。

韋提希一再懇求釋尊說一句話，即使不是安慰的話，也會使自己的心靈得到巨大的安慰，但是釋尊依然默不作聲。不知道他是否在聽，不置可否，不聲不響，就像一次次拋過去的球反彈回來一樣。韋提希心煩意躁，陷入更加悲哀的深淵。

終於，韋提希精疲力盡，她不顧一切地匍匐在地懇求，「我生到這世上究竟爲了什麼啊？這麼痛苦、這麼可怕的人生，這個世間就是地獄。我來世絕不想再看見這種地獄。讓我到沒有痛苦的世界去吧。」

聽到韋提希熱切的懇求，釋尊終於開口，他從眉間的白毫放射出光明，展現十方諸佛的國土叫韋提希看。「啊，多麼美好的世界……」韋提希仔細看著這些國土，雙眼發亮，向釋尊請教，「十方諸佛的國土都是非常好的地方，但是我想生到諸佛之王阿彌陀佛的淨土。請您教導我，我該怎麼辦？」

釋尊的唯一目的就是讓韋提希產生「想要生在彌陀淨土」的願望，所以聽到她這麼說，臉上第一次露出滿意的笑容。

之後，釋尊所講的正是《觀無量壽經》的教義。

6

「韋提希啊，妳所仰慕的阿彌陀佛在離此不遠之處。如果妳睜開心眼，就會發現他總是近在身旁。妳要一心一意、持續不斷地想著彌陀及其淨土。我將透過各種比喻，為妳及未來的人們，指明往生彌陀淨土的方法。」

在《觀無量壽經》的說法中，釋尊首先勸韋提希夫人行善。這就是「定善」和「散善」。

所謂「定善」，就是抑制妄念、心念彌陀及其淨土的坐禪或觀法。因為有十三種，所以稱為「定善十三觀」。與之相對的是，即使心散神亂，也努力廢惡修善，這就是「散善」。比如說不吃魚肉等葷食、不撒謊等行為上的努力精進。這有三種，所以稱為「散善三觀」。息慮凝心之行善叫做「定善」，散心亂神之行善叫做「散善」。

見到阿彌陀佛淨土的韋提希夫人之所以說「我想去彌陀淨土，請您教導我，我該怎麼辦？」是出於「只要您教我，我什麼都可以做到」的自信心，或者說自負心吧。她做夢也想不到自己是只能造惡之人，除了地獄別無去處。

這沒有自知之明、不知道自己眞實面目的心也是「無明之闇」（詳見第十九章）。前幾章已闡述過，「無明之闇」是苦惱的根源。觀念的戲論是無法破除這黑暗的。

釋尊清楚地知道人的實態是只有自負之心，所以從一開始不說「妳只會作惡，豈能行善」，而是告訴她「如果妳認爲做得到，那就試一試吧」，讓她實踐定善十三觀。

在明確知道她做不到的情況下，釋尊從第一觀開始勸她，「如果這做得到，就會消弭罪孽，進入彌陀淨土。好，妳就試試看吧。」

但是，韋提希越想認眞地集中心神，就越冒出對阿闍世和提婆的憎恨憤怒，一個善也做不到。這是當然的。韋提希心裡只有欲望、憤恨和抱怨，不可能有做得到的善。

有人大概會有疑問：釋尊明知不行，爲什麼還要讓她做這種不可能的事呢？

要讓自以爲想行善就能行善的自負之人，認識到自己其實什麼也做不到，除了讓他親自實踐之外，沒有別的方法。釋尊的教導閃耀著佛的充滿慈愛的光輝。

韋提希完全遵從釋尊的教導，最終知道自己其實是無法獲救之人，墜入了苦悶的無底深淵。

釋尊知悉韋提希的內心，欣喜地得知向她講說「彌陀誓願」的時機已經到來。因爲「彌陀誓願」正是針對這樣的苦惱之人。

釋尊即將開始講解第七觀華座觀之前，對韋提希說：「韋提希，妳要認眞地聽。」讓她集中精神，接著說道，「現在開始講消除妳的苦惱之法。」

就在此時，釋尊忽然消失，金光燦爛的阿彌陀佛出現了。

韋提希看到那金光燦爛的佛身的同時，無明之闇立時煙消雲散。她萬分喜悅，激動得熱淚流淌，心中唯有對彌陀廣大無邊的拯救的無限感激。

「啊，多麼不可思議。像我這樣不可救藥的萬惡不赦之人……這一切都是彌陀誓願的不可思議……」

釋尊的「除苦惱法」就是破除無明之闇這個苦惱的根源、使我們實現人生目的的「彌陀誓願」。

「謝謝你們啊！太感謝了！阿闍世、提婆，如果你們沒有這樣對待我，我就不能聽到佛法。我憎恨別人、詛咒別人，簡直不知道自己是個什麼人。世上沒有比我更罪大惡極的人了。」韋提希夫人對阿闍世、提婆也不由自主地合掌感謝。

正如經中所言，「見佛身者得佛心」。

《觀無量壽經》的定散十六觀（定善和散善），正是釋尊爲了引導人們得到「彌陀誓願」拯救的最理想的教導。

韋提希夫人被載上度難渡海的大船，達成了人生目的，充滿憎恨和詛咒的黑暗人生，立刻轉變爲懺悔與感謝的光明人生。阿闍世也對母親的徹底變化大吃一驚，懺悔自己過去的大罪，虔誠地皈依了佛法。

與韋提等獲三忍。

——《教行信證》

親鸞聖人明確指出，「不論什麼人，只要被不可思議的彌陀誓願所拯救，就會和韋提希夫人一樣得到三忍（實現人生目的）。」

8「誠哉！」完成人生目的的宣言

驚天動地的世界

在陳述了對王舍城悲劇的感想後，親鸞聖人又以一段充滿熱情的文字表述自己被救攝的親身體驗和對彌陀的感謝之情。

> 噫！弘誓強緣，多生叵值；眞實淨信，億劫叵獲。遇獲行信，遠慶宿緣。若也此迴覆蔽疑網，更復逕歷曠劫。誠哉！攝取不捨眞言，超世希有正法。聞思莫遲慮。
>
> ——《教行信證》

「啊……這是多麼不可思議！在兆載永劫的時間裡，在多生多劫的輪迴中，親鸞我終於得到了追尋已久的充滿歡喜的生命。我清楚地知道了這完全是依靠無比強大的彌陀之願力，從內心深處感激不已。如果今生不能破除無明之闇，未來永劫，我必將永遠都得不到拯救。我必須盡快把彌陀的誓願告訴大家，讓大家都知道這廣大無邊的世界。」

對一般讀者來說，這段話中可能羅列了不少較生疏的詞彙，下面稍作詳細解釋。

「噫！」表達的是難以言表的感動，是聖人出於從未體驗過的驚喜而發出的感嘆之聲。

「弘誓強緣」指的是，阿彌陀佛必定要斬斷我們痛苦的根源，使我們實現人生目的的強烈誓願。這一誓願完全在自己身上得以實現，痛苦的根源被斬斷，人生目的已經完成的歡喜生命被稱爲「眞實淨信」。

被彌陀救攝的聖人明白了，這歡喜的生命是哪怕追求一、兩百年也絕不可能得到的幸福。他於是高聲宣告「獲得了多生亦難遇、曠劫也難得的幸福」。對這來之不易的幸福，由衷地發出「啊！」的驚嘆，也是理所當然。

聖人從內心深處感受到彌陀自遙遠的過去一直深切地關懷著自己，於是情不自禁地感動涕泣「遇獲行信，遠慶宿緣」。

山高則谷深。被拯救的山越高，越是對無明之闇的深谷不寒而慄。親鸞聖人感嘆：

「若也此迴覆蔽疑網，更復逕歷曠劫。」（「疑網」是指苦惱的根源「無明之闇」。）

「如果今生無明之闇不能被破除，未來也一定會一直痛苦下去。這眞是太可怕了！」

閉目合掌、沉浸在法悅之中的親鸞聖人彷彿浮現在眼前。

「誠哉。攝取不捨眞言，超世希有正法，聞思莫遲慮。」

「眞的！這是眞的。彌陀誓願不是謊言。希望大家都能聽到彌陀的誓願，我親鸞就是活證人。一心只願大家盡快知道彌陀誓願的眞實。」

親鸞聖人充滿感激的表白告訴我們：他實現的不僅僅是今生今世的目的，而是多生永劫的目的。

只有爲「黑暗」痛哭過的人，才會有遇見「光明」的歡笑

親鸞聖人將彌陀的誓願稱爲「度難渡海大船」，並這樣描述被彌陀救攝的喜悅：

乘大悲願船，浮光明廣海，至德風靜，眾禍波轉。

——《教行信證》

「乘坐在大悲願船上看到的人生苦海，不正是波光粼粼的光明廣海嗎？如同一帆風順的航海，活著是多麼美好啊。」

這可以說是聖人閃耀著幸福光輝的「乘船記」。

「乘大悲願船」，就是「如彌陀的誓願所言，成就了人生目的」的充滿喜悅的宣言。

顯然地，人生目的絕不是模糊不清的。

「浮光明廣海」，是形容黑暗人生轉變爲光明人生的喜悅。只有在漫漫長夜裡爲「黑暗」痛哭過的人，才會有遇見「光明」的歡笑；只有在苦海中「沉沒」過的人，才會有「浮上」光明廣海的歡喜。

爲什麼無論多麼痛苦也要活著？這個最重要的問題，人們卻不知道答案。如果只是爲活著而活著，那和養在餐廳水槽裡的魚又有什麼兩樣呢？如果活著只是爲了等待死，這樣的人生自然就是「沉沒」在苦海中。

親鸞聖人曾經因不知道人生的意義而極其痛苦，但是自從他浮上充滿光明的廣海，就從心底感受到了「啊，生到這世上眞好」的生命喜悅。那麼，他所體驗到的如光明廣海般的人生又是什麼樣的呢？

「至德風靜，眾禍波轉。」聖人的回答充滿自信、言簡意賅，洋溢著滿心喜悅和能夠戰勝任何艱難困苦的堅強意志。

關於「至德風靜」的世界，聖人這樣描述：

五濁惡世之衆生，
若信選擇之本願，
不可稱說不思議，
功德充滿親鸞身。

——《高僧和讃》

「滿身是惡的親鸞在無明之闇被破除後，全身心總是充滿著用語言無法表達的喜悅。」

親鸞爲自己被彌陀誓願所拯救而歡欣不已，對賜予自己永恆幸福的彌陀，情不自禁地合掌感謝。今天這一天無比寶貴，現在的一呼一吸更令人感激不已。呼氣吸氣都覺得不可思議。越是看到自己毫無喜悅之心，就越感受到被救的喜悅。

這是大火燒不毀、洪水沖不走、盜賊偷不去、無論何時都溢滿全身的無比幸福。聖人自豪地高唱，「不可稱、不可說、不可思議的功德，充滿親鸞之身。」

那麼，「眾禍波轉」是什麼意思呢？

親鸞聖人九十年的生涯可謂「波瀾萬丈」。聖人經常受到嘲笑、辱罵、鎮壓、迫害，總是成爲眾矢之的。然而，即使受到這樣砲火密集的攻擊，他依然向尊嚴無二的生命合掌感謝：

唯念佛恩深，不恥人倫嘲。

——《教行信證》

「親鸞我沐浴著彌陀廣大無邊的恩德，卻不能回報其萬一，我這樣子是鬼還是惡魔啊，無論如何也不能貪圖安逸。」

親鸞聖人感泣於深遠的佛恩，以懺悔和歡喜的心情渡過難渡海，所以無論多麼猛烈的波濤也不能阻擋他的前進。不僅如此，痛苦折磨聖人的萬丈波濤，也轉化爲幸福喜悅的源泉（後文詳述）。

苦海人生有大船

我們就好像漂浮在只能看見天空和海水的大海裡，爲了尋找附近的圓木、木板等救生之物而拚命地游泳。四周的人們，有的在風浪裡苦苦掙扎；有的因失去了救命的圓木，苦澀的海水灌進口鼻而痛苦不堪；有的眼看就要被淹死；還有許許多多已經成了溺死者。爲那些在風浪中掙扎的人們教授游泳方法的，不正是政治、經濟、科學、醫學、藝術、文學、法律等等嗎？

「該往哪裡游？」

「活著的目的是什麼？」對於方向這個最關鍵的問題，卻根本無人論及。人們何時才能意識到這一點，對此感到驚訝呢？這是世上最不可理解的事情，人類的不幸莫過於此。

生死苦海無邊際，
曠劫沉沒之我等，

唯有彌陀弘誓船，
載上必定來相度。

——《高僧和讚》

「長久以來我們一直漂泊於無邊的苦海，只有大悲願船才必定載上我們渡到彼岸。」

一浪接一浪，浪高船亦高，正是親鸞聖人明確指出了這艘救助大船的確切存在及其方位。

9 為什麼人的生命重於一切？——親鸞聖人一貫的教導

始於「慶哉」，終於「慶哉」

這是個提到「人生的目的」就會被視爲老派的時代。那麼，如果談論「多生永劫的目的」，又會遭到怎樣的評價呢？恐怕要被譏笑爲「那才眞是老古董了」，所以本書盡可能只用「人生的目的」這種說法。其實，人生的終極目的絕非是一生一世或二生二世的問題，而是多生永劫的目的。正因爲生命具有如此無比重大的目的，所以即使說「人的生命重於一切」，人們也都會贊同。如果知道了親鸞聖人實現的是多生永劫的目的，我們就會更深地理解爲什麼聖人的著作裡充滿了喜悅。

諸如興趣愛好，以及能夠使我們感受到生命價值的東西，這些所帶來的喜悅都無法持久，很快就會褪色。

「你至今最高興的事是什麼？」「你什麼時候覺得最幸福？」面對這樣的問題，有多少人能立即回答呢？「呀……讓我想想，有過什麼幸福的時候嗎……」曾有過的快樂留下的只是些模糊的記憶，恐怕這就是實際情況吧。有的年輕人回答說「睡覺時是最幸福的吧」，這充分暴露出興趣愛好所帶來的快樂是多麼短暫而空洞。

但是，《教行信證》卻始於「慶哉」，終於「慶哉」。

文藝評論家龜井勝一郎驚嘆道：「整部《教行信證》響徹著無比喜悅的聲音。」

就讓我們來聽一聽聖人這驚天動地的喜悅之聲吧。

在這裡，我只介紹《教行信證》的總序和後序。

爰愚禿釋親鸞，慶哉！西蕃月氏聖典，東夏日域師釋，難遇今得遇，難聞已得聞。敬信眞宗教行證，特知如來恩德深。斯以慶所聞，嘆所獲矣！

——《教行信證．總序》

「啊，親鸞我多麼幸福啊。究竟是什麼陰差陽錯，讓我遇到了這絕對遇不到之法，聽到了這絕對聽不到之事。不論釋尊講說的彌陀誓願多麼宏偉，如果無人相傳，無明之闇又怎麼可能被破除。

「雖然佛法廣爲傳播，講說彌陀誓願不可思議的人卻甚爲罕見。但是現在親鸞我聽到了這罕見的、講說彌陀誓願的印度、中國、日本高僧們的教導。這是何等難以言喻的幸福！這是多麼無與倫比的喜悅！我深切感受到彌陀的深厚慈恩，如何才能將這彌陀的誓願傳達給他人呢？」

親鸞聖人首先這樣表述自己撰寫《教行信證》的心情，之後開始了《教行信證》全六卷的寫作。

洋溢著生命的大歡喜

感泣於彌陀深恩，聖人以一字一淚的心情撰寫《教行信證》。最後，他執筆寫下了這樣一段話。

慶哉！樹心弘誓之佛地，流念難思之法海。深知如來矜哀，良仰師教恩厚。慶喜彌至，至孝彌重。……唯念佛恩深，不恥人倫嘲。若見聞斯書者，信順爲因，疑謗爲緣，信樂彰於願力，妙果顯於安養矣。

——《教行信證．後序》

「古時候，楚國有一愚人，把家中珍藏的寶劍偷偷拿出來，在行駛於急流的船上想試驗寶劍的鋒利。但由於用力過猛，劍落入水中。因水流湍急，小船依然順流直下。楚人驚駭，立即用小刀在落劍處刻舟爲記號，自言自語道：『這就放心了，知道劍是從哪裡掉下去的。』他不知道舟行劍不動，自以爲萬無一失的刻印其實早已偏移，根本就無從依憑。然而，又有幾人能嘲笑這個楚人呢？

「倚仗錢財者，失去錢財則衰微破敗；倚仗名譽地位者，失去權勢則一落千丈；倚仗父子親屬者，失去他們則一蹶不振；倚仗信念者也如此，信念動搖則根基崩潰。

「樹心於終將崩潰的事物上的人生，如履薄冰般的不安。然而，親鸞樹心於不倒之佛地，即使釋尊、善導❶、法然都動搖了，也絲毫不會撼動我於不可思議的世界獲得的無上幸福。由此更加深刻地感受到彌陀的慈愛之深，對師教之高恩厚德益加景仰心服。

「無限的喜悅使難報大恩於萬一的親鸞感激涕零。只要一想到彌陀的大恩大德，從世人那裡所承受的一切恥辱都算不了什麼。

「讀此書者，當有人信順，亦有人誹謗。但無論如何，都希望他們以此爲因、爲緣，得遇彌陀的拯救，獲得未來永恆的幸福。」親鸞聖人用上面這句話結束了《教行信證》。

「難遇今得遇」「難聞已得聞」「嘆所獲」「慶喜彌至，至孝彌重」……這些斷言完全不是「我想」「我以爲」之類曖昧含糊的詞句，溢滿聖人全身的、如火般熾熱的法悅從中噴湧欲出。

下面這首「恩德讚」也生動地表達出聖人得救後的心情。

如來大悲之恩德，
即使粉身亦應報；
師主知識之恩德，
即使碎骨亦應謝。

——《正像末和讚》

「彌陀和師教的大恩大德，即使粉身碎骨也不足以報答。我身懈怠，無法報謝其絲毫，不禁晝夜哭泣。」「破除苦惱的根源（無明之闇）、使我們實現多生永劫之目的。」——如果沒有遇到這絕對的彌陀之拯救，就不會有這種知恩報恩的熾熱法悅。

❶ 善導大師（六一三至六八一）：中國淨土宗的集大成者。主要著作有《觀無量壽經疏》《往生禮讚》等。

10 關於有無人生目的的激烈衝突

禮讚沒有盡頭之路？

「什麼？人生有目的？還能完成？」幾乎所有的人都會感到驚訝。這也是可以理解的。因爲「人生不可能有目的，更不可能會完成」這樣的觀念已成爲一般常識。

的確，學問、藝術、科學、醫學、圍棋、象棋、劍道、柔道、書法、茶道、花道等都是學無止境的，無論怎麼刻苦鑽研，都既不能畢業，也無法完成，所以理所當然地被稱爲「至死求道」。試舉一例：

一九九八年日本專輯銷售量的冠亞軍都被搖滾團體B'z❶獨占。二〇〇〇年他們的專輯總銷量突破七千萬張，這相當於全美唱片發行史上的第五位。但是，樂隊的主

希塔療癒——你與造物主

——加深你與造物能量的連結

作者／維安娜·斯蒂博　譯者／安老師（陳育齡）　定價／400元

這是一本與一切萬物的造物主深入溝通的指南
學習辨別信念層面和各種觀點的運作，
便能和造物主建立清晰和開明的溝通！

本書為《希塔療癒》《進階希塔療癒》《希塔療癒——信念挖掘》的必備配套書。

解釋當我們進入希塔大腦狀態時，如何與造物主聯繫，進一步發現並改善這種連接，以實現深層的內在療癒與精神昇華。

禪修救了我的命

——身患惡疾、卻透過禪修痊癒的故事

作者／帕雅仁波切、蘇菲亞·史崔—芮薇　譯者／林資香　定價／500元

達賴喇嘛的一句指示改變了作者：
「你為何向自身以外尋求療癒？療癒的智慧就在你的內心。」

作者曾遭受三個月的酷刑和監禁，使他的右腳踝面臨截肢手術。透過每日超過十二小時的禪修，他的傷口竟漸漸康復。作者認為，這並非奇蹟，只要選擇我們認為最適合自己的修行方法，並運用我們的心智能量，便是通往療癒的道路。

《心經》的療癒藝術

——色與空的極致視覺體驗

作者／葆拉·荒井（Paula Arai）　譯者／雷叔雲　定價／1000元

達賴喇嘛盛讚：「他的畫有一種力量，能表達佛教和科學兩者看待實相的共鳴之處。」

本書共收錄五十多幅日本書法家兼畫家岩崎常夫的畫作。

岩崎畫作的特殊之處在於融入以細密字書法抄寫的《心經》。他的精神體現在每一筆觸中，期許繪畫能超越語言障礙，讓不同文化的讀者感受到《心經》的智慧與慈悲力量，從視覺上開始親近佛法。

一行禪師 佛雨灑下

── 禪修《八大人覺經》《吉祥經》《蛇喻經》《中道因緣經》

作者／一行禪師（Thich Nhat Hanh）
譯者／釋真士嚴、慧軍、劉珍　定價／380元

佛法並非一套哲學、真理，而是一項工具，
幫助我們捨離所有概念，讓心靈完全自由。

書中包含四部經文，分別是《八大人覺經》《吉祥經》《蛇喻經》和《中道因緣經》。於每部經前，一行禪師會先引導讀者了解經文的大意，接著用最日常的言語和例子解釋經文內容。

朗然明性

── 藏傳佛教大手印及大圓滿教法選集

作者／蓮花生大士、伊喜．措嘉、龍欽巴、密勒日巴、祖古．烏金仁波切等大師
譯者／普賢法譯小組　定價／400元

大手印與大圓滿，字雖異，但義相同；
唯一差異是，大手印側重正念，大圓滿於覺性中休息。

本書為藏傳佛教大手印及大圓滿教法選集，諸多偉大上師結合自身的學習與成就，從中淬鍊出精簡務實的修行教言。這些收錄的文選提供了不可思議的智慧，極具啟發、甚為重要，而且文本中的竅訣非常簡單直接，使讀者可以輕鬆地運用。

跟著菩薩發願

──〈普賢行願品〉淺釋

作者／鄔金智美堪布　定價／400元

融合漢傳和藏傳佛教角度，補足漢藏之間的解釋差異，最適合現代人的〈普賢行願品〉講記。

本書主要講述普賢菩薩利益眾生的諸多大願，透過念誦〈普賢行願品〉，跟隨普賢菩薩發願，並親身力行、迴向。此外，作者以融合漢傳和藏傳佛教兩種角度的方式來講解，可以補足漢藏之間的解釋差異，是一本十分適合現代人的〈普賢行願品〉講記。

唱稻葉浩志對此並不滿意，他在專輯《SURVIVE》發行後接受記者採訪時這樣說：「錄製唱片也好，巡迴演出也好，在身心完全投入時，覺得這是最好的。可是結束後不知道爲什麼總覺得還差得很遠。」

不僅僅音樂是一條沒有盡頭的道路，學問、藝術、體育都無止境，沒有所謂眞正完成的終點。

「這樣才好，要是認爲已經完成了，就不會進步。」

「至死求道才是最美好的。」

大多數人一定都會這麼說。然而如果稍微冷靜地想一想，就會立刻明白，所謂「至死求道」，其實就是畢生去追求百分之百得不到的東西，對這種行爲的禮讚，顯然是毫無意義的。因爲追求應該以「追求得到」作爲前提。

明知「絕對追求不到」，卻還要至死追求，這與明知是去年的過期彩券卻還要不

❶ B'z：成立於一九八八年，成員為松本孝弘和稻葉浩志兩人。

斷購買沒什麼兩樣。怎麼能說「這樣就好」呢？

大概還有人會堅持說：「其實追求不到也沒關係，追求至死不斷提高的過程本身就是美好的。」然而，在這個過程中感受到的充實只是暫時的，很快就會黯然失色。它與「生而爲人眞好」的生命喜悅有著本質上的差別，絕非是實現了眞正的人生目的的喜悅。

「不要讓人生留下後悔！」

親鸞聖人曾經針對「有無人生目的」這個問題進行過激烈爭論。關於這場爭論，覺如上人❷（親鸞聖人的曾孫）在《口傳鈔》中曾記述，一開始這樣寫道：

> 體失不體失往生之事。聖人（親鸞）言，先師聖人（法然）之時，曾有法文之大爭論。
>
> ——《口傳鈔》

當親鸞聖人還在法然上人門下做弟子時，曾經和同門法友激烈爭論過「人生目的」的問題。

聖人主張人生「有」目的，而善惠房證空一口咬定人生「沒有」目的。聖人主張「人生目的就是依靠彌陀誓願得到拯救，成爲大滿足之身」；而善惠房則堅持「人在活著的時候，怎麼可能得到彌陀的拯救」，所以雙方的衝突在所難免。

這就是今天所說的「體失不體失往生之爭論」。

因爲善惠房說「彌陀的拯救不是在活著的時候，而是在死後」，所以他的觀點被稱爲「體失往生」。所謂「體失」，就是「失去肉體」，即「死後」。所謂「往生」，指的就是「彌陀的拯救」。

與善惠房的觀點針鋒相對的親鸞聖人主張「人生的目的就是得到彌陀的拯救」，所以被稱爲「不體失往生」。所謂「不體失」，就是「肉體不失」，即「活著的時

❷覺如上人（一二七一至一三五一）：親鸞聖人的曾孫，著有《執持鈔》《口傳鈔》《改邪鈔》《御傳鈔》等。

候」。

於是，主張人生「有」目的（彌陀拯救）的聖人與主張人生「沒有」目的的善惠房展開了激烈爭論。

眾多法友在這場論戰中產生激烈的心理動搖和混亂。因爲這是一個今生今世究竟能否得到彌陀的拯救，換言之，是究竟有沒有人生目的的大問題。誰對誰錯，他們只好向老師請教。

法然上人在仔細聽取爭論的來龍去脈之後，做出這樣的判斷，「活著的時候不能得救，並非彌陀的誓願。在此生即救攝爲大滿足之身，才是彌陀的誓願。所以人生具有非常重要的目的。閱看經文就會明白。」

這就是親鸞聖人一生中的三大爭論（三次關於佛法的大爭論）之一，體失不體失往生爭論的結局。

善惠房之所以錯誤地認爲「活著的時候不可能得到彌陀的拯救」，肯定是因爲他自己既沒有無明之闇被破除的巨大喜悅，也沒有獲得被拯救的大滿足。他對「彌陀拯救」的認識，只是停留在興趣愛好、人生目標這種程度上，所以一意堅持「至死也不可能完成」的觀點。他與聖人對抗一事也是可以理解的。

但是，已經圓滿實現人生目的的聖人對善惠房的主張不可能聽之任之。這不僅因爲善惠房是法然上人的高足弟子，具有很大的影響力，而且也是爲了善惠房自身。

如果人生沒有目的，換句話說，就是如果今生沒有彌陀的拯救，那麼人就等於是爲痛苦而活著。

長壽社會還在繼續發展，然而長壽是否就能帶給人們幸福呢？有些人想著等到老年再享受美食，一直拚命地工作，卻因爲得了糖尿病，有好東西也吃不了。有些人買了漂亮的衣服打算出外旅行時穿，卻因爲半身不遂，動彈不得。等到住進醫院，孩子們前來探視，卻沒完沒了地詢問銀行存摺放在什麼地方，眼睛裡只有自己的錢財。「辛苦了一輩子，到底是爲了什麼啊！」最終只有流著眼淚死去。

呼吸之頃，即是來生。一失人身，萬劫不復。此時不悟，佛如眾生何。願深念於無常，勿徒貽於後悔。

——《教行信證》

「呼吸一停，即為來生。今生永遠不復還。如果現在不實現人生目的，還要等到什麼時候呢？什麼時候才能實現呢？唯一的機會就是現在。凝視時時刻刻逼近的無常，絕不能留下後悔。」

面對善惠房的錯誤主張，親鸞聖人堅決地挺身而出，展開了體失不體失往生的爭論。可以說，這場爭論正是斷言人生「有」目的的聖人與主張人生「沒有」目的的法友之間的決鬥。

11

開啟人生目的之門的鑰匙

「一念」與「二種深信」

親鸞聖人用「一念」這個詞來表現無明之闇被破除，人生目的已經完成的世界。

他把無明之闇稱爲「二心」，這樣說道：

言「一念」者，信心無二心，故曰「一念」。

——《教行信證》

「一念，指的是無明之闇已經消失的心。」

黑暗一旦破除，就變得光明，以前看不見的東西，現在能夠看得清清楚楚。那麼無明之闇一旦被破除，會明確什麼事情呢？

就是「眞實的自我」和「彌陀的誓願」。由彌陀的力量明確知曉這兩件事被稱爲「二種深信」。所謂「深信」，在這裡是「明確知道」的意思。由於「自己」被稱爲「機」，「彌陀誓願」被稱爲「法」，所以二種深信又被稱爲「機法二種深信」。

親鸞聖人所說的彌陀拯救（一念），就是指依靠彌陀的力量「得知眞正的自己」（機的深信）和「得知彌陀誓願的眞實」（法的深信）。不明白這「二種深信」，就絕對無法理解聖人的信仰。下面引用原文：

【機的深信——明確知曉自己的眞實面目】

深信：自身現是罪惡生死凡夫，曠劫已來常沒常流轉，無有出離之緣。

「明確知道了：自己是無論過去、現在、將來都絕對無法得到拯救的罪大惡極之人」，稱爲「機的深信」（從第十四章開始詳述）。

【法的深信——明確知曉彌陀誓願的眞實】

深信：彼阿彌陀佛，四十八願，攝受衆生，無疑無慮，乘彼願力，定得往生。

「明確知道了：拯救所有的人，使我們今生直至未來都獲得絕對幸福的彌陀誓願是眞實的」，稱爲「法的深信」（從第二十章開始詳述）。

所謂「深信」

這裡所說的「深信」，並非字面上所理解的「深深相信不懷疑」的意思。「深信」與「相信」含意不同。什麼地方不同呢？

我們說「相信」，其實是因爲心中存有懷疑，如果毫無懷疑的餘地，就會說「知道」。被火燒傷的人不會說「我相信火是熱的」，因爲他透過自己的親身體驗已明確知道這一點。如果校長說「我相信本校不存在欺負同學的現象」，那是因爲他還是懷疑可能存在這種現象。

而「深信」，是指依靠彌陀的力量得以明確知曉，再無絲毫懷疑。所以親鸞聖人說「眞知」，蓮如上人（親鸞聖人的後裔，淨土眞宗中興之祖）說「今方已明知」。這「眞知」「明知」與「抑制疑心，努力相信」是截然不同的。

可以毫不誇張地說，聖人的著作充滿著對「二種深信」——由彌陀的力量而明確知曉「眞實的自己」與「彌陀的誓願」——的讚美。如果不了解「二種深信」，就一定無法正確理解《教行信證》等聖人的所有著作。即使閱讀，也只會產生誤解、曲解。

以下將詳述何爲「二種深信」。

12 自我——以為知道，卻一無所知

「認識你自己！」

親鸞聖人說，無明之闇一旦消失，就會明確兩件事情。其中之一就是「眞實的自己」。

眞正的自己是什麼樣的呢？因爲是關乎自己本身，所以沒有比這更重要的事了。蒙田說：「天下最大之事就是認識自己。」*德國哲學家卡西爾在《人論》這本書中也斷言：全部思想中固定的、不可動搖的主題顯然就是「自己究竟是什麼」。

人們往往認爲，自己最了解自己。然而，從古希臘時代就有「認識你自己！」這樣的格言。可見，其實人最不了解的正是自己本身。人類可以了解浩瀚的宇宙，可以認識粒子結構的世界，可以破譯三十億對基因密碼，卻依然不了解自己。

電視上播放過這樣的畫面：一隻野鴨背上插著箭矢——這大概是缺少愛心的人做的，那隻可憐的野鴨讓觀眾心痛。我在餐館裡看到這樣的人，他們一邊看著電視播放的身帶箭矢的野鴨的畫面，皺著眉頭批評說「多麼殘酷啊……」，一邊卻津津有味地大吃鴨肉火鍋。我不禁反思「人對自己眞是盲目啊……」。然而，這種自相矛盾的現象難道不是比比皆是嗎？

「過去的公雞，天一亮就啼叫，給人報時，可是現在……」

「現在連公雞也變懶了，眞不像話。」

這一對鄉下的老夫婦沒有意識到自己已經耳背。聽了他們的對話，我不由得苦笑起來。

這眞是「以爲知己莫過己，最不知者實爲己」。

古今中外都有很多嘲笑沒有自知之明的故事，這也說明了人是多麼不明白自己本身。試舉幾例：

從前，印度有一戶富裕人家，其兒子娶了個漂亮的妻子。新婚夫婦飲酒尋歡，沉浸在無比的快樂中。一天夜裡，妻子打算打點酒，掀開酒缸的蓋子，卻發現酒缸裡藏著一個妖豔的女人。妻子以爲這是丈夫瞞著自己偷養的女人，又哭又叫又罵又鬧。丈夫大吃一驚，跑過來掀開蓋子一看，看見裡面有一個欲火中燒的年輕男人。丈夫以爲妻子在家裡藏著她的情人，痛斥妻子品行不端。夫婦倆越吵越凶，終於動起手來，不小心把酒缸打碎，這一場爭吵才算結束。原來，他們飲酒作樂，喝得酩酊大醉，連映照在酒缸裡的自己的模樣都認不出來了。

古代，中國有一個名叫蔡君謨的宰相，留著一副漂亮的長髯。有天，皇帝問他睡覺時鬍子是放在被子裡還是被子外。可是他自己一直沒有留意過又不能隨便回答，就請求皇帝容他第二天答覆。他立刻回家，躺進被窩裡，可是覺得如果把鬍子放進被子裡面，會影響呼吸；如果把鬍子放在被子外面，又很不自在。又厚又長的鬍子拿進拿出，折騰了一個晚上，還是沒有結果。

盜竊集團在山裡聚餐，當然所有的東西都是偷來的，其中有一個閃閃發光的金杯。大家輪流拿著這個金杯喝酒，金杯卻突然不見了，於是首腦站起來，怒氣沖沖地吼叫道：「這裡有小偷！」如果他沒有忘記自己本身就是盜竊集團的首腦，肯定不會說出這句話來。

這些都是發人深省的故事。齊克果警告說：忘記自己，這個最危險的事情在社會上卻非常容易發生（《致死的疾病*》）。人們把錢忘在自動取款機上一定會著急萬分，而忘記了最爲重要的自己卻毫不驚慌。

在人面獅身面前

佛經上記載著這樣一則故事：釋尊在樹下閉目養神時，有三十多個富家子弟及其夫人在附近的樹林裡飲酒歡宴。一個單身男子帶來的、看似妓女模樣的女人趁著大家疲勞打盹時，偷取他們的貴重物品逃走了。眾人醒後大吃一驚，拚命尋找這個女人，發現釋尊坐在大樹下，就詢問釋尊是否看見一個形跡可疑的女人從這裡經過。釋尊聽後，這樣反問大家：

「這件事我已經聽明白了。可是對你們來說，尋找那個女人還是尋找自己，哪一個更重要呢？」

大家聽了釋尊的話，彷彿一下子從迷夢中醒悟過來，於是聆聽佛法，成爲釋尊的弟子。

關於埃及的沙漠上千古不語的獅身人面像斯芬克斯，有這樣一個傳說。牠向路過的旅行者詢問：

「早上用四條腿行走，中午用兩條腿行走，晚上用三條腿行走的動物是什麼？」

據說誰要是回答不出來就會被牠吃掉。

其實，這是在向人詢問「人是什麼？」可以說，政治、經濟、科學、醫學、文學、哲學、宗教等都在試圖回答這個問題。而我們每個人，都必須各自對它做出回答。

在斯芬克斯面前，不容許任何的代答，人云亦云的知識也無濟於事。

13 真正的我在哪裡

別人找得到我嗎？

爲什麼我們會如此不了解自己呢？

我們的眼睛雖然能看見各種東西，但太遠的或太近的卻看不見。「眼不能視眼，刀不能砍刀。」視力再好的人，也不能直接看見自己的眼睛；再鋒利的寶刀，也無法削割寶刀自身。燈塔能照耀千里之外，燈塔底下卻是一片黑暗。同樣地，我們對別人一清二楚，對自己卻極爲盲目。這是因爲距離太近的緣故。

要看到因距離太近而看不見的東西，可以使用鏡子。那麼，能看到自己的，都是些什麼樣的鏡子呢？

我們對別人的話總是一喜一憂，十分在意別人對自己的看法。父母親及老師也經常教育我們，「不要成爲被別人恥笑的人。」由此可見，我們在很大程度上依賴「別人」這面鏡子來認識自己。然而，別人眞的能做出恰當的評價嗎？

德川時代撰寫的文章裡，有豐臣秀吉的仁政嗎？明治初期撰寫的文章裡，能看到德川幕府的德政嗎？即使是史實，其實也往往被改成對統治者有利的內容。改朝換代，掌權者發生更迭時，連價值觀也會隨之變化。「忠」，曾是日本人善惡的規範之一。然而，它在江戶時代指的是爲幕府將軍、諸侯而死，到了明治時代卻意謂著爲天皇捐軀。有段時期，只要一說到「主權在民」「勞資平等」，就會立即被戴上「思想危險分子」的帽子，被捕入獄。如今，天皇和工人是平等的。有的國家，政權一變，憲法也改變，服刑的囚犯一夜之間被無罪釋放，昨天的統治者卻成爲今日的階下囚。

人的價值判斷是多麼易變啊！一休也這樣嘲笑，「人的嘴，今日稱讚，明日誹謗；這世間，哭哭笑笑，眞是荒唐。」

對自己有用的時候，說他是好人；對自己不利的時候，說他是壞人。難道不都是以自己當時的利弊好惡爲標準，來判斷和評價別人的嗎？人心變化無常，所以善惡的判斷標準也會隨之變化。「昨天的朋友，今天的敵人」，這種背叛行爲的出現也就不足爲奇了。

提起漢娜鄂蘭❶這個名字，人們都知道是國際著名的女思想家，以論述納粹主義的著作《極權主義的起源》著稱。同時她也因是有婦之夫海德格❷的情人而出名。海德格曾加入過納粹黨，因此受到猶太人的強烈譴責。海德格的言行本是不可原諒的，但身爲猶太人的鄂蘭卻一直爲他辯護。這眞的是「敵人的眞話不如愛人的謊言」。即使是像鄂蘭這樣的學者，對自己喜歡的人做的壞事也失去辨別能力。

其實無論什麼人的評論，都難以避免這種危險。最高法院雖然可以說是匯聚著司法界的菁英，但司法人員之間也時常出現意見分歧。人們都願意相信法庭的審判是公正的，然而事實明明只有一個，卻有時判決有罪、有時判決無罪、有時甚至無罪變有罪。很顯然地，是法官們的主觀意識造成了結果的差異。

「豬再美化還是豬，獅子再醜化還是獅子。」

雖然人的價值判斷總是依自己的好惡而變化無常，但事物的實質是不會因外界的評價而有所改變的。這句話不正是在嘲諷人的價值判斷的愚蠢和不負責任嗎?!

自己能找得到自己嗎？

如果明白別人這面鏡子不能寄予全面的信任，那麼該在哪裡尋找能夠全面認識自己的鏡子呢？

人有道德良心，所以也被稱爲以道德良心爲鏡子進行反省的動物。但是，這個「良心」能否成爲映照出自己眞實面目的鏡子呢？

龍宮公主對魚兒們說：「誰能說出這顆寶石的顏色，我就給牠獎賞。」於是黑鯛魚說「是黑色的」、青花魚說「是青色的」、鰈魚說「是淡茶色的」，回答都不一

❶漢娜鄂蘭（一九〇六至一九七五）：美國思想家、政治理論家，生於德國。
❷海德格（一八八九至一九七六）：德國哲學家，二十世紀最偉大的哲學家之一。

樣。「眞正的顏色是什麼呢？」龍宮公主笑著說，「寶石是無色透明的，你們所說的都是自己映照在寶石裡的顏色。」

人不也是一樣嗎？無法完全去掉自己的思想、感情的色彩，來看任何事物。特別是反觀自己的時候，更是摘不掉偏見、我執的有色眼鏡。以自我爲中心的這顆「私欲」之心，讓我們的目光變得扭曲。這樣的事例不勝枚舉。

最近，一位當醫生的朋友告訴筆者令人無法置信的事。

一個女高中生半夜肚子痛來醫院急診，經檢查發現是即將分娩的陣痛，於是告知陪她前來的母親。母親一聽，臉色大變，一口咬定「我的女兒絕對不可能做這種事」。但是，當女兒承認後，母親垂頭喪氣，只好帶著女兒去婦產科。

「要眞是這樣的話，我是多麼臉上無光啊！」母親顧全面子的「私欲」，甚至讓她把即將分娩的女兒的肚子視爲「發胖」，妨礙她做出正確的判斷。

父母親總是一心認定「我的孩子絕對不會做那種事」。有人說，這種偏見不僅害了孩子，而且會成爲青少年犯罪的溫床。然而，身爲家長的人，都難以客觀地看待自己的孩子，這也很無奈。連看自己的子女都帶著厚厚的有色眼鏡，可想而知，人的自我反省該是多麼的膚淺。

人總是在美化自己：別看我長得黑，可是鼻子高啊；雖然我皮膚黑，鼻子也不高，可我是櫻桃小口啊；別看我嘴巴大，可是我皮膚白啊。即使沒有什麼可以自誇，也會說：儘管我沒有任何本事，但大家都誇我是個老實人。照鏡子的時候，發現自己白頭髮增加了，不由得心頭一陣悲涼，可是一轉念：我總比隔壁家那個老太婆強多了。人到五十，就和六十歲的比；人到六十，就和七十歲的比，心想自己比他們年輕。雖然實際狀態不會有絲毫變化，但聽到別人說自己年輕，心裡就高興；相反地，如果聽到有人說自己的長相比實際年齡大，心裡就悶悶不樂。

如果聽到小偷自誇機靈，聽到殺人犯自豪殘忍，一定會感到驚愕，但這說明人總是把自己看成一朵花。因爲自滿是我們的本性。

眞正的自己隱藏在深不可測的心底

佛教從心、口、身三方面對我們進行評價，其中最重視的是心。其實，日常生活中也有很多重視心勝於身和口的事例。

要是有人對你說「你的領帶歪了」，你會立即糾正，但要是有人對你說「你的心眼歪了」，你就無法接受。「領帶歪了」和「心眼歪了」看似相同，但後者傷害人心，因爲令人覺得自己的人格受到侮辱。

俄羅斯文學巨匠屠格涅夫貧窮時，一個乞丐上門乞討，他沒有任何東西可以施捨，心裡過意不去，便跑到門口，緊緊握著乞丐的手，滿含熱淚地連呼「兄弟」。後來，這個乞丐說，自己一生中從來沒有得到過這麼令人高興的東西。

「雖然身著破衣，心靈卻如花似錦，比任何鮮花都美麗。」* 這首歌也是說比起裝飾漂亮的「身」（外表），心靈的美更被人們所看重。

爲什麼把看不見摸不著的心看得比顯露於外的口、身的言行更重要呢？因爲身和口的行爲都受命於心。可以這樣比喻：心是火源，身和口的行爲是火花。如同火花從火源飛舞上升，身和口的行爲是心的表現。

聯合國教科文組織憲章這樣寫道：「戰爭起源於人的心，所以必須在心中構築起和平的堡壘。」由於心被視爲戰爭的根源，才會發出這樣的呼喚吧。正如滅火要把重點放在火源上一樣，佛教總是把焦點置於心的活動上。

「一心求佛道，我心成核心」

兩個禪僧雲遊天下，來到一條小河邊，看見一位美麗的姑娘想過河，卻因爲連日下雨漲水，無法過河而不知所措。

一個僧侶說：「來，來，我送妳過去。」

姑娘因爲一籌莫展，也只好同意，於是他毫不造作地抱起姑娘涉水過河。過河後，姑娘紅著臉行禮道謝而去。另一個僧侶大概認爲不管什麼理由，作爲僧侶這麼親近女色，簡直是豈有此理，於是一路上默不作聲，不再和他說話。這是因爲禪宗戒律嚴格，規定在肉體上不能接觸女性的緣故。

傍晚時分，抱著女子過河的僧侶說：「我們找個地方過夜吧。」同行的僧侶冷冰冰地回答：「我不想和花和尚住在一起。」那個僧侶哈哈笑起來，「怎麼啦？你在心裡還抱著那個女人啊？」被對方一針見血地指出自己對女人念念不忘的醜惡之心，同行的僧侶無言以對。

問題就在於這個心。

心才是原本最該受重視，然而不論心中所想的事情多麼惡毒，只要不付諸行動，就不會受到法律制裁，也不會招來他人非議。因爲外人能看到的只是表現在口和身上的火花，對心這個火源卻無可奈何，只能放任不管。其結果，正如日本知名江洋大盜石川五右衛門臨死前所說的那樣，「石川岸邊沙可盡，世上盜賊種不絕。」

然而佛教指出「思罪不比殺罪輕」。因爲思想是語言和行動的根源，所以懷不良之心，其罪行要比口和身所做的壞事重得多。

「一心求佛道，我心成核心。」這是被親鸞聖人尊爲高僧的源信僧都❸的述懷。

所謂眞實的自我，其實就是「眞實的我的心」。別人的評價和自我評價，無論站在哪個角度，依據何種善惡標準，得出的結論都不是眞實的自己。

遮蔽眞正自我的無明之闇一旦被破除，會看到一個什麼樣的自我呢？從下一章至第十九章，讓我們來聽一聽親鸞聖人的心靈表白吧。

❸源信僧都（九四二至一〇一七）：日本平安時代僧侶。曾著《往生要集》弘揚淨土佛教。

14 親鸞聖人與刀葉林地獄——機的深信

愛欲廣海無邊際

我有個朋友最近做了摘除白內障的手術。白內障是一種由於眼內晶狀體混濁，致使視力低下的疾病。現代醫學可以使用人造晶狀體使視力得到很大改善。朋友生病時，甚至會把趴在牆上的蜈蚣誤以爲是一截繩子，用手去抓。手術後，他一照鏡子，大吃一驚，感覺簡直是在用顯微鏡看自己的臉。環視家中，發現自己竟然居住在這麼髒的地方，於是立刻進行大掃除。

無明之闇一旦被破除，就能清晰地看見自己的眞實面目。這叫做「機的深信」。

親鸞聖人有許多自我表白，都是出自機的深信。下面做些介紹：

悲哉！愚禿鸞。沉沒於愛欲廣海，迷惑於名利大山；不喜入定聚之數，不快近眞證之證。可恥可傷矣！

——《教行信證》

「啊，親鸞我多麼可悲呀！沉溺於愛欲的廣袤之海，受追名逐利的欲望所驅使，對自己已經成爲可前往淨土之身（入定聚之數）並不感到高興，對自己正接近佛覺（眞證之證）也不感到愉快。我眞是一個徹徹底底麻木無知的人！多麼可恥可悲啊！」

所謂「已經成爲可前往淨土之身」「接近佛覺的人」，指的就是後生黑暗之心（無明之闇）被破除、實現了人生目的的人。這將從第二十章開始闡述。在這裡，聖人明言「已成爲可前往淨土之身」「正接近佛覺」，所以首先必須知道：這段話說的是唯有具有這種自覺和確信的人，才會得知的自我和懺悔。

那麼，「愛欲廣海」指的是什麼呢？

釋尊闡述道：當看到美女時，雖然明知外皮下面是一具血肉之軀，但心中還是會燃起邪淫之火。

所有之人，唯思淫猥之事，覩婦人之姿而目光生輝，於心中放任卑猥之行。厭憎己妻，覬覦別家女子，苦惱不絕。愛欲高潮迭起，坐立不安。

佛經裡所說的「刀葉林地獄」，描寫的就是這廣闊無邊的愛欲之海。墮入這個地獄的罪人猛然間抬頭一看，眼前是一棵參天大樹。樹葉如刀刃般尖銳，噴吐著火焰。樹上有一漂亮女子，滿臉嫵媚的笑容，正向自己招手。原來她是自己過去的戀人。罪人情思如火，無法自持，終於不顧一切地朝樹上爬去。這時，樹葉紛紛落下，尖刀般割裂他的皮肉，刺進他的骨頭。他渾身鮮血淋漓，但愛欲之火卻燃燒得更加激烈。

當他竭盡全力爬到女子身邊，正要用力擁抱時，那女子忽然消失得無影無蹤，卻從樹下傳來她的聲音，溫柔地引誘：「我是戀慕你才到這裡來的啊，你爲什麼不快點來抱我啊？」

僅僅爲了一個女人，以烈火金剛般的意志爬到樹上，這樣做連自己都覺得愚蠢。然而，愛戀之情卻更加熾熱，他又打算從樹上爬下來。這時，落到地上的樹葉倒飛上揚，向上噴吐火焰，刺穿他的全身，刻骨裂肉，其疼痛難以言喻。

好不容易爬到樹下，戀人又消失了，只看見她又在樹上扭動著腰肢呼喚自己。愛欲之海無邊無際，就這樣使他無休止地上上下下，不斷遭受痛苦，這就是「刀葉林地獄」。

分別後無盡相思，相見時如遇仇敵、互相傷害。未能如願以償，心中充滿渴望；心願得到滿足，渴望卻有增無減。上述比喻充分揭示出愛欲的本性。

愛憎之心如山嶽高峰

本居宣長是日本江戶時代著名的國學家，晚年受到很多人的尊敬，被稱爲「活神」。據說在他家做傭人的一個女子有次戰戰兢兢地詢問學僕，「我們家的先生眞的是神嗎？」學僕回答道：「大家都這麼說，應該沒錯。」女子一聽，哇地哭起來。學僕大驚，忙問什麼緣故，女子回答說：「昨天晚上，神鑽入我的被窩，我不由自主地揍了他的腦袋，會不會受到神的懲罰啊？」看了這則故事，讓人不寒而慄。

一說到「理性」，就會想起近代哲學之父笛卡兒，但是他也與女傭有染，還讓她懷孕生子，成爲未婚媽媽。

沉溺於無邊無際的愛欲之海無法自拔，這不正是我們的眞實寫照嗎？

無明煩惱盛，
如塵數遍滿。
愛憎違順事，
無異高山峰。

——《正像末和讚》

（這裡的「無明」，並非得到阿彌陀佛拯救時會消失的無明之闇，而是指欲望、憤怒等煩惱。）

「親鸞全身都燃燒著欲望、憤怒的烈焰，對順從自己的人則喜歡、親近，對反對自己的人就憎恨、疏遠。這顆煩惱的心竟高聳如山嶽峰巒。」

這是聖人看透了自身煩惱之深、罪障之重而發出的深刻懺悔。然而，沉沒在愛欲廣海中的，恐怕不僅僅是親鸞聖人吧。

15 名利的冷血獸

要是住在無人島上，該多麼輕鬆啊

悲哉！愚禿鸞。沉沒於愛欲廣海，迷惑於名利大山。

——《教行信證》

上一章講說了「愛欲廣海」，那麼「迷惑於名利大山」又是怎麼回事呢？

「名」，就是名譽欲——想得到別人的好評，想讓別人稱讚自己有才華、瀟灑、可愛、漂亮……不想被人討厭，不願意被人背地裡說壞話……這種追求名譽的心。

「利」，就是利益欲——連一分錢也不想放過，對財物貪得無厭之心。

「從早到晚終日被大山般的名利欲望所擺布，既沒有感謝也沒有懺悔。多麼可悲的親鸞啊！」

這實在是痛切的懺悔。

個體心理學之祖阿德勒❶說：人們行爲的根本動力是「追求優越的心」。總想高人一等，這是人的天性。周圍的環境也是如此，如果你戰勝別人，就讚美你；如果你敗給他人，就瞧不起你。在生存競爭十分激烈的今天，學歷、職位競爭不斷升級，甚至幼稚園裡也存在著優勝劣汰的競爭原理。

千方百計地往上爬，一心想出人頭地，而不願意被人輕視。炫耀財富，誇示聰明，顯耀實力。如果自己沒有優秀之處，甚至開始吹噓自己的家鄉或孩子。據說在監獄裡，連「關禁閉的次數」也成爲優越感的資本。

❶阿德勒（一八七〇至一九三七）：奧地利精神病學家，個體心理學的創始人。

人們是如何處心積慮地追求虛榮呢？電視機在日本剛剛開始普及時，某住宅區的屋頂上，豎立著很多電視天線。電視管理員前去收取視聽費，卻發現有的家庭只有天線而沒有電視機。詢問原因時，對方坦言，「左鄰右舍都有電視機，自己買不起，只好這樣僞裝一下。」爲了不被別人輕視，竟是如此煞費苦心。

女性爲了保持青春美貌而不惜一切代價。爲了漂亮，可以不怕危險、忍受痛苦。整形美容的女人，花多少錢也毫不吝嗇。她們要是住在無人島上，該多麼輕鬆啊。

據說宮本武藏的父親無二齋因爲嫉妒武藏的本領，曾對其追殺謀害。父子之間也會爲爭名奪利引發衝突，更不用說朋友、師徒之間。

學校裡發生的霸凌現象，多是源於對課業成績優秀的同學的嫉妒心。據說成績好的孩子、可愛的孩子往往被當成「出氣筒」。

我上高中時，有個很要好的同學。他學文科，英語很棒，我學理科，英語成績怎麼也趕不上他。只有一次我贏了，那是因爲他得了急性肺炎，不能參加英語考試。我平時和他嬉笑打鬧，關係融洽，這一次卻對他的急症暗地高興。至今想起這件事，還覺得心痛。嫉妒好友的名聲，輕易地背叛友情，卻還想得到對方的信任，實在是厚顏無恥！

榮膺諾貝爾文學獎的羅素在大學講授邏輯學和數學時，後來被稱為二十世紀最偉大哲學家之一的維根斯坦❷來聽他的課。但在一、兩年後，他就開始尖銳地批判羅素。大概因為無法忍受學生批判自己的屈辱，據說羅素破口大罵維根斯坦，還把他的名字從部分著作中刪除了。

競爭對手本是磨鍊自己、使自己不斷提高的恩人，然而卻對他懷恨在心，甚至攻擊誹謗，徹底搞垮。這也是由於名譽欲的驅使吧。

「謊言逼眞相互比，尋死婆婆勸阻媳」

外表聖潔的科學界其實也暗湧著名譽私欲的漩渦。

❷維根斯坦（一八八九至一九五一）：生於奧地利，後入英國籍。哲學家、數理邏輯學家。

因解開遺傳基因結構而獲得諾貝爾獎的華生❸在其著作《雙螺旋》中，曾生動地坦承自己在科研中採取欺騙別人、偷看情報、向競爭對手隱瞞成果等卑劣手段。但是，華生並不認爲自己的言行有何異常，他在書中寫道：「比起做一個一輩子沒沒無聞的大學教授，自己若能揚名天下，當然更覺得快樂。」近代科學的奠定者牛頓在建立微積分學的問題上，與萊伯尼茲❹爭名奪利，雙方長期進行醜陋的明爭暗鬥。

被名欲大山無情壓垮而身敗名裂的人何其多啊！二十世紀最後一年的十一月，一位日本古代遺址調查團團長捏造事實的行爲被揭露出來。他在新發掘的遺址裡埋入其他遺址出土的石器，聲稱「發現了六十萬年前的石器」。此人曾一次又一次地發表刷新日本最古老紀錄的考古發掘成果，被稱爲「神手」，在考古界頗有名聲。這次造假事件，使日本十年來的考古學研究產生動搖。

那種要死就死得轟轟烈烈的所謂「死亡美學」，其實也不過是追求名譽的一種表演罷了。爲了一時的心理滿足，竟然要如此自欺欺人！對別人似褒實貶，對自己則似謙實抬。

「謊言逼眞相互比，尋死婆婆勸阻媳。」爲了體面，撒謊不臉紅，花言巧語裝好人。儘管婆婆絲毫沒有想死的意思，但因爲不滿意兒媳婦對自己的態度，便威脅說「想去死」。而兒媳婦也不是好惹的，一邊想著「趕快去死吧」，心裡恨不得她死掉；一邊卻裝出一副孝順婆婆的樣子，哭著勸阻，「媽，您可是家裡的支柱，千萬要保重身體。您要是倒下了，我們還能依靠誰啊！」

雙方都在徹頭徹尾地撒謊，哪一個聽起來更讓人信以爲眞呢？實在是一種諷刺。

心口各異，言念無實。

——《大無量壽經》

❸華生（一九二八～）：美國生物學家，一九六二年獲諾貝爾生理學或醫學獎。

❹萊伯尼茲（一六四六至一七一六）：德國數學家、哲學家、神學家。

釋尊的話一針見血地揭露了人的所思所言的虛僞。

無聊之人的無聊吹捧也會讓自己沾沾自喜，被小孩子看不起也會使自己心情沮喪。人都是名譽欲的奴隸，這是多麼可悲啊。

下黃金雨也無法滿足

一個八十多歲的老人和在大公司裡擔任要職的長子生活在一起。這個老人最近身體不適，經醫院的仔細檢查，被確診爲肝癌。長子覺得反正父親也活不了多久，便勸他住院動手術，同時開始擬定寄發死亡通知書的名單。兒子如此，媳婦也很過分，擅自解除公公的銀行定期存款的期限，提前取款作爲住院動手術的費用。但是，老人的手術進行得十分順利，病情明顯好轉，很快就出院了。兒子和兒媳婦竟然覺得「出乎意外」，並因此大爲失望。在他們的臉上看不到絲毫的罪惡感。殘酷的貪欲使他們把錢看得比老人的命還重要。

將死之時，曾賴以依憑之妻、子、財寶，無一相隨我身。故死出山路之末、三塗大河，須唯我一人獨渡。

——《御文章》

「在自己即將死去的時候，一直作爲生活支柱、賴以生存的妻子、兒女、財產再無一可以依靠。一切的一切都被剝走，不得不獨自離開這個世界。」

長壽不過百歲，死去的時候什麼也無法帶走。儘管對蓮如上人的這句話，我們沒有絲毫反駁的餘地，但誰又擺脫得了「想要、想要、還想要」這利益欲的困擾呢？人具有這種天上下黃金雨也無法滿足的貪婪欲望。

日本近代作家菊池寬甚至說道：「幾乎所有的不幸都可以用金錢解決。」無論古今，絕大多數人都是「金錢萬能論」的信奉者。爲了金錢而不擇手段，完完全全是「有錢能使鬼推磨」的寫照。

二〇〇〇年七月，奈良市一個四十三歲的護士因涉嫌謀害親生女兒而被捕。她試圖用摻毒的茶水毒死十五歲的長女，以獲得一千多萬元的人壽保險。在調查中發現，這個「白衣天使」的母親三年前還使用同樣手法殺死了當時十五歲的長子和九歲的次女，其動機也是爲了獲得七百多萬元的保險金。

「跳蚤拉跳蚤的屎，大象拉大象的屎。」地位越高的人，其欲望和犯罪的規模就越大。有多少高官、大臣，甚至總理因爲受賄而身陷囹圄，結束恥辱的一生。多少人苦心經營建構的「殿堂」在利益欲大山的重壓下轟然倒塌，只落得淒然悲嘆。這些人就像是一面面鏡子，映照出我們心中的貪欲。

對於別人的利害關係遲鈍如豬，而如果事關自己的利害得失，全身的神經卻會立刻繃緊。凡是阻礙自己欲望的人，不論是親人還是恩人，都對他們伸出殘暴凶惡的魔爪，毫不留情地一概推倒滅殺。

有這樣一則故事：三個竊賊偷了一筆巨款，逃到山頂。正要坐地分贓時，其中一個心生歹念，說道：「先填飽肚子再說吧，我去找點吃的來。」說完，他下山進城去了。另外兩個人飢腸轆轆，自然沒有異議。下山去的盜賊自己吃飽喝足後，把毒藥放進剩下的饅頭裡。他圖謀殺害兩個同夥，獨吞贓物。

留在山上的兩個竊賊也在密謀，「把那小子幹掉，我們平分。」

進城的竊賊回來以後，說道：「我已經吃過了。」接著，把毒饅頭放在他們面前，然後自己走到山崖邊上洋洋得意地小便。這時，另外兩個竊賊乘機躡手躡腳地走到他身後，猛然把他推下懸崖。

「這就好了，我們吃完飯以後再分吧。」於是，這兩個竊賊也共赴黃泉。留在山頂上的只有那一筆偷來的巨大財富。

「俯看將落地獄底，欲望之洞何其深。」名聲也要，財寶也要，這也要，那也要……欲壑難填。爲了追求永無止盡的名利處心積慮，最後撒手塵寰時卻什麼也無法帶走，只能兩手空空地離開這個世界。

這則故事似乎象徵著人愚蠢的結局。

「雖然肉體得救了，但我的靈魂永遠無法得到拯救」

演猴戲的猴子隨著耍猴人的吆喝聲，出色地表演各種節目，圍觀的人們大爲感動，情不自禁地把橘子扔給牠們。沒想到這些猴子把耍猴人平時的教導忘得一乾二淨，爭先恐後地搶奪橘子，甚至大打出手、互相撕咬，把一齣猴戲弄得一塌糊塗。

追名逐利的欲望都是「只要自己好就行」的利己之心。

一看到充滿名利的橘子，什麼已經「知道、記住、理解」的倫理、教養統統拋到九霄雲外，只有本性赤裸裸地暴露無遺。理性之水對於名利欲望的烈焰來說，不過是杯水車薪，無濟於事。

太平洋戰爭末期，日本的運輸船在海上航行時，因沒有軍艦護航，被魚雷擊沉。據說當時發生過這樣的事情：幾千名士兵在大海上掙扎逃命，不顧一切地想擠上救生艇。然而，救生艇數量有限，而且已經超載，再加一個人就會沉沒。當時有不少落到海裡的士兵，用手緊抓住救生艇的船舷不放，苦苦求救。而在救生艇上的士兵卻用刺刀把這些抓著船舷的手砍斷。被砍斷手腕的士兵怒視著砍自己的「戰友」，沉入被鮮血染紅的大海。

一個死裡逃生的士兵曾這樣告白，「雖然我的肉體得救了，但我的靈魂卻永遠無法得到拯救。」

芥川龍之介的小說《蜘蛛之絲》❺鮮明生動地刻劃出人自私貪婪的醜陋本性。

「別人怎麼樣，管不了那麼多，只要我能得救……犍陀多的這種殘忍之心，又將他自己推入地獄了，眞是無緣於拯救的傢伙……」我彷彿聽到了釋尊深深的嘆息。

「無緣於拯救的傢伙」，不可救藥的不僅僅是犍陀多吧。毫無疑問，犍陀多存在於我們每個人的內心深處。

---

❺《蜘蛛之絲》：在這則故事中，釋迦牟尼佛打算設法拯救一個名叫犍陀多的墮入地獄備受痛苦折磨的罪人。釋迦牟尼佛想起這個臭名昭彰的盜賊曾經救過一隻蜘蛛，於是就將蜘絲放下地獄裡，幫助犍陀多逃出來。犍陀多抓住蛛絲開始迅速攀援。當他感覺疲累停下來歇口氣時，往下一看，只見許多罪人一個接一個地抓著蛛絲正往上爬。他害怕蛛絲會斷，便大聲叫喊道：「你們給我滾下去！」就在這時，蛛絲突然斷了，所有的人都倒栽進地獄裡。

16 潛在的凶惡本性

死亡對任何生物都是痛苦的

即使不知道達爾文的進化論和斯賓塞❶的適者生存法則，弱肉強食也是顯而易見的現實。

有人說：「人只有奪走其他生物的生命才能生存，生命的延續只能依靠生命。敢於大膽殺生的時候，生活才會放射出耀眼的光芒。安慰是衰殘的老者之心，如果產生哀憐之情，就是退出了眞正的生活。」但是，如果承認這個主張，就不得不容忍暴君政治和恐怖時代。

我們把吃動物視爲天經地義，但是牠們絕不會認爲自己的生命是爲人類而存在，要理所當然地做出犧牲。無論對什麼生物而言，死亡都是痛苦的，這和我們人類沒有區別。船上的魚拚命蹦跳、被勒著脖子的雞用力掙扎，一定都是因爲痛苦。如果認爲爲了生存不得不如此，認爲只有人的生命才是寶貴的，那人類不是太自私自利了嗎？這些生物在臨死時一定會強烈詛咒人類的殘酷。這與我們含冤遇害的仇恨有什麼不同呢？

二〇〇四年四月，我從收音機裡聽到這樣一則消息：將兩名女性綁架後燒死的犯人已經被捕。「燒死」這個詞，聽起來感覺很生疏。心想所謂的「燒死」，大概是焚屍滅跡吧。可是仔細一聽，原來是說在身體上潑上汽油後活活燒死，是名副其實的「燒死」。這是何等地慘無人道啊！心想天下竟還有這種人。然而就在剎那間，我的心頭猛然一驚：自己不是也津津有味地吃烤肉嗎？這又有什麼不同呢？

據說，在美國一天要屠宰十萬多頭牛。參觀過美國丹佛市肉類食品加工廠的人

❶斯賓塞（一八二〇至一九〇三）：英國社會學家、哲學家。

說，幾百頭牛被趕進兩邊是水泥牆的狹窄通道裡，在通道的盡頭，一種機器架在牛頭上，一按開關，牛就會瞬時倒在地上。雖然有的牛拚命往後逃跑，但被後面蜂擁而上的牛擋住退路，最終還是難逃一死。

爲了滿足我們的食欲，每天都在不斷地進行這樣的作業。當然，不僅僅是牛，人類不知奪走了多少動物的生命。

釣魚之人救海龜——做善人的局限性

浦島太郎的故事是日本著名的民間童話。浦島太郎是一個漁夫，有天，他來到海邊，看見幾個孩子在折磨一隻海龜。他反覆地勸說孩子們要愛護動物，但孩子們不聽，於是他便把海龜買了下來，放生大海。後來，某次他出海捕魚，那隻被救的海龜浮出海面，邀請他去龍宮。浦島太郎在龍宮裡見到公主，受到山珍海味的款待，享盡歡樂。

小時候，老師教育我們要做一個像浦島太郎那樣心地善良的人。大概因爲年齡小的緣故，沒有注意到他扛在肩上的釣魚竿。魚竿是奪走魚生命的工具，今後一定還會用它奪走許多魚的生命。如果浦島太郎眞是愛護動物的善良的人，首先就應該把手中的魚竿折斷。他平時滿不在乎成千上萬地殺生，偶爾救活一條性命，就做出一副大慈大悲的善人模樣，這不能不說是假惺惺的僞善。

但是，魚竿維繫著他的生活。折斷魚竿，就意味著自殺。從這裡似乎可以看到浦島太郎做善人的局限性。浦島太郎做爲一個人，雖然可以拯救一條性命，但如果不殺害幾萬條性命，自己就無法活下去，因此他成不了眞正的善人。這不也正是我們所有人的眞實面目嗎？

據說在日本戰敗前夕的南太平洋前線，有句爲戰友送行的話是「喂，別讓他們給吃了」。當時，日本軍隊食物匱乏，瀕臨餓死的邊緣，他們變成了戰友相食的惡魔。剛開始還是把病死或戰死戰友的大腿肉割下來吃，最後竟然把戰友活活殺死吃肉。年輕肥胖的首當其衝，被槍殺後捆綁在圓木上，十五、六個人圍坐四周，燒烤吃肉。

這件事聽起來令人毛骨悚然、脊背發冷。但如果自己當時也處在這種境地，又會怎麼做呢？難道就不會做出同樣的舉動嗎？我們不能不捫心自問、深刻反思。

一旦發生名人醜聞或什麼前所未有的犯罪行爲，電視等各種新聞媒體就會以「特輯」「專輯」的形式掀起批判的大合唱，以「無法想像」「簡直不是人幹的」等言語大加譴責。雖然他們是站在受害者的立場上，但不得不令人懷疑，毫無發生醜聞、犯罪可能性的完人眞的存在嗎？心理學家榮格說：「毫無疑問，存在於我們心中的惡是無法估量的。」（《現在與未來*》）

必爲業緣至，無事不爲之。

——《歎異抄》

「只要緣分到來，親鸞我任何可怕之事都會做出來。」

聖人坦言，無所不爲的、隱藏著巨惡的潛在殘暴者就是我。可以說，這正是我們每一個人的眞實寫照。

此心如蛇蠍

「欲望」受到阻礙時，表現出來的就是憤怒。尤其當眾受到斥責時，這種「恥辱」一輩子都會記在心頭。這也是名譽欲如大山的佐證吧。

「怒」字拆開是「心」上一個「奴」，而「奴」字就是對心中所恨之人的鄙稱。「都是因爲那個傢伙」「要是沒有這傢伙就好了」……不顧一切地要除去自己的眼中釘、肉中刺。怒火中燒之下，把什麼教養、學問統統置於腦後，憤怒的火焰使一切都化爲灰燼。日本江戶時代，赤穗藩的領主淺野長矩❷因一時之怒招來殺身之禍，致

❷淺野長矩（一六六七至一七〇一）：江戶時代中期播磨國赤穗藩（今兵庫縣赤穗市）的領主，擁有年產量五萬三千石（一石約為大米一百五十公斤）的領地。他在三十五歲這一年，被任命接待京都朝廷派來的使者。為做好接待工作，需要先向擔任幕府禮儀的吉良義央學習禮法。但是，由於淺野長矩對吉良義央賄賂的東西太少，受到吉良的刁難，於是淺野懷恨在心。在接待的最後一天，淺野突然拔刀向吉良砍去，由於被旁邊的人阻攔，吉良只是受了輕傷。此事讓將軍綱吉大為震怒，命令淺野剖腹自盡，並沒收其領地。一年半以後，淺野原先的家臣四十六個武士殺死吉良，為主子報仇。此歷史事件被改編成各種文藝作品。

使五萬三千石的領地化爲烏有。而在現實生活中，因爲受到戀人的背棄而怒不可遏，於是跟蹤糾纏，甚至懷恨殺人，結果毀掉自己一生的悲劇也屢見不鮮。

憤怒的火焰面對弱者會表現爲隨意發洩，面對強者則會轉化爲憎惡的情緒。

俗語說：「近來眞心煩，鄰家蓋庫房❸。」自己家裡連遭不幸，正是心煩意躁的時候，鄰居卻春風得意，蓋起了庫房，不由得無名火起。甚至產生惡念，希望鄰居遭到飛來橫禍、不測之災，根本就無法與他友好相處。僅僅看到自己的心上人和別的異性在親熱地交談，都會立刻感到心頭不快。嫉妒是如此卑劣、可怕，令人不寒而慄。所以親鸞聖人哀嘆道：此心如蛇蠍。

以語言尖酸刻薄著稱的比爾斯❹在《魔鬼辭典》中寫道：「幸福就是看到別人不幸時的快感。」看見別人被突如其來的陣雨淋濕，一副狼狽不堪的樣子，便會竊喜。看到別人被凶猛的狗嚇得畏懼退縮，便會開心而笑。看到精心打扮、穿著漂亮的女性被汽車濺得一身泥水欲哭無淚的樣子，便感覺心花怒放。聽到什麼地方發生火災，便匆匆忙忙趕去觀看；若是在路上聽說火已被撲滅，還會感到心中失望。在外地旅行時碰到發生火災，更會覺得越大越有看頭。雖然也覺得不能有幸災樂禍的想法，但還是喜歡隔岸觀火，不會產生悲傷答的情緒。越是重大的事件，越是殘酷的內容，電視的收視率就越高，週刊雜誌的銷量就越大，這說明什麼問題呢？

晉升、結婚、蓋新房……凡是別人的好事都讓自己生氣惱怒；失敗、離婚、災難……一聽到別人的不幸就暗自高興。如果把自己心靈深處的想法赤裸裸地暴露出來，那會怎麼樣呢？人們一定會驚爲「魔鬼」而避之惟恐不及。

故而既非善人，亦非賢人。無精進之心，唯懈怠之心，內常懷虛僞諂曲，毫無眞實心之身也，應知。

——《唯信鈔文意》

❸庫房：特指古時日本家庭建造的儲藏重要物品的倉庫。建造庫房意謂著此家庭是富翁。

❹比爾斯（一八四二至一九一四？）：美國的記者、作家，以短篇小說著名。

「我親鸞既非善人，也非賢人。而是不求上進，心神懈怠之人。並且心懷虛僞，總是很在意別人對自己的評價。唯一清楚知道的就是我內心不存在絲毫的眞實。」

親鸞毫無眞實之心，這才是親鸞的眞面目！聖人充滿悲痛的呼喊震撼人心。

17

做好事惹煩惱

做了好事沒聽到「謝謝」就生氣

惡性全難止，
我心如蛇蠍。
修善亦雜毒，
故名虛假行。

——《悲歎述懷和讚》

「我是多麼不可救藥啊！完全沒有辦法抑制自己這顆蛇蠍之心。所行之善全都受到蛇蠍之心的汙染，被稱爲『雜毒之善』也是理所當然。」

親鸞聖人所說的「雜毒之善」究竟是怎麼回事呢？

送給鄰居的即使只是一點餅乾，如果對方不道謝一聲，心裡就覺得不痛快，甚至覺得還不如不送。過些日子後還會故意問對方，「噢，上一次送給您的餅乾不好吃吧？」顯然是在催促對方回禮。

從前，有一年寒冬，一個乞丐在橋下凍得渾身發抖。有個禪僧恰好路過，見狀，便脫下自己身上的衣服扔給他。乞丐穿上後，只是看了禪僧一眼，一句話也沒有說。禪僧忍不住問道：「怎麼樣？暖和點了吧？」

乞丐這才應聲而答：「穿上後當然暖和，何必明知故問呢？你該慶幸自己還有施捨的能力呀。」

施恩圖報之心被對方看穿，禪僧深感羞愧。

日本有一則寓言叫做「剪掉舌頭的麻雀」。有個老爺爺在家中養了一隻小麻雀，非常喜歡牠。然而有一天，小麻雀吃光了老奶奶的麵糊，被大發雷霆的老奶奶剪掉了舌頭，於是傷心地飛走了。老爺爺知道後，進山四處尋找小麻雀，最後終於找到了。小麻雀拿出一大一小兩個藤條箱答謝老爺爺的恩情。老爺爺只是因爲喜歡小麻雀才來找牠，所以覺得見到牠就已心滿意足了，於是毫不猶豫地挑了小的拿回家。到家裡打開一看，裡面竟裝滿了金銀財寶。貪心的老奶奶看到後，也急忙奔向小麻雀所在的山裡。老奶奶認爲「小麻雀是我飼養的」，她找小麻雀的目的在於得到回報，所以面對小麻雀拿出來的兩個箱子，就挑選大的背回來。而其中裝的卻是施恩圖報的醜惡之心變成的妖魔。

梁武帝是中國歷史上著名的佛教信奉者，所建寺院佛塔不計其數，在弘揚佛教方面做出了巨大的貢獻。達摩大師以一百二十歲的高齡從印度來到中國時，曾做爲國賓，受到梁武帝的隆重款待。

武帝躊躇滿志地問達摩，「朕自即天子之位以來，建造寺院佛塔無數，愛護僧尼，爲佛教發展盡心盡力，請問功德如何？」

達摩聽罷，大聲喝道：「無功德！」

武帝大爲不悅，「何言無功德？」

達摩斷然回答：「此乃雜毒之善、虛假之功德。」

人行善時，心裡總惦念著「我做了這樣的好事」，以功勞者自居，看不起別人。這樣的善行散發著傲慢驕矜的熏天臭氣。

僞善者——口稱「爲別人」而行善的人

我們或許常常會想「爲別人做點好事」「爲社會做點貢獻」。但是，說起來容易做起來難。實際上，我們就算明知道戒菸對周圍的人有好處，卻連這一點也做不到。

報紙上刊出一則「拾金不昧的賣魚小販」的新聞報導，說的是一個賣魚小販撿到一張百元鈔票，他將魚擔子放在一邊，立刻把錢交到了警察局。賣魚小販的鄰居看到這則報導以後，對他說：「就一百塊錢，自己拿了不就得了。」賣魚小販卻笑答道：「正因爲是一百塊錢，才要交啊。」的確，一百元的報紙廣告費不算貴。

「失火啦……」一對年輕的夫婦被失火的叫喊聲驚醒，慌慌張張跑到屋外。妻子忽然想起來，「啊，孩子還在裡面！」於是想衝進烈火熊熊的屋裡搶救嬰兒。但是丈夫抓住她的袖子，說道：「以後還可以再生……」

可見，平日嘴上說是爲了孩子，其實歸根究柢考慮的還是只有自己。

某位慈善家曾在年末贈送年糕給生活貧困者。開始頭幾年，都會收到貧困者寄來的感謝信。但是持續幾年後，就開始聽到有人說「快到年底了，也該送年糕給我們了吧」；還有人抱怨說「今年的年糕比往年小」。慈善家一氣之下，索性停止了這個活動。

本以爲是件好事而努力去做，結果卻得不到對方的讚揚與感謝，於是覺得「我這麼爲你們著想，你們卻不領我的情」「爲你們做好事，卻吃力不討好」，不由得心生怒意。

認爲「我爲你做了好事」，而希望得到對方的感謝。這期待一旦落空，便立刻決定以後再也不爲對方做好事了。如此說來，把僞善者寫成「爲人行善者」實在是十分貼切。

雖然知道「給予」比「接受」更令人愉悅，卻無法完全擺脫「給予」這個意識。給予別人一百元沒有聽到對方的感謝，與給予別人一千元沒有聽到感謝相比，自然後者更令人不快。如果給予別人一萬、甚至十萬元而沒有聽到對方的感謝，恐怕就不僅是後悔而已了。

越是行大善，所含毒素越猛烈。龍樹菩薩❶道破了人的善行的本質：「在四十里見方的結冰湖面上，潑上兩、三升的熱水，翌日潑了熱水的地方反而會隆起冰塊。」（《大智度論》）

但是，在這裡必須澄清可能會引起的以下誤解：

這麼說，人就應該冷漠無情嗎？就不需要憐憫之心嗎？難道就因此屏棄向善的態度嗎？這不是在助長放蕩不羈的行爲嗎？

當然不是。

只有眞心向善的人，才會覺察到自己所做的一切善行都是出於醜惡之心。憐憫身處逆境的人，對他們努力行善，卻會發現自己因此心生驕慢，以爲沒有人比自己更加大慈大悲。越是努力想成爲一個眞正的善人，就越是深刻地體會到「惡性全難止」（惡性之根深柢固），由此更加反躬自省、努力向善。然而，不管我們多麼努力，所行之善也只會是出於自私自利的醜惡之心。親鸞聖人悲嘆自己的一切都是「雜毒虛假」（欺騙別人的彌天大謊），這正是無明之闇被破除的同時所得知的自己的眞實面目。

本無小慈小悲身，何談有情利益心。

——《悲歎述懷和讚》

「自以爲對別人還有那麼一點憐憫、同情、幫助之心，其實完全是一種錯覺。親鸞我沒有一絲一毫的慈悲心腸。」

如果不徹底知曉眞實的自我，絕不可能懂得這傷痛的嗟嘆。

❶龍樹菩薩：南印度僧侶。中國、日本的佛教各宗都繼承了龍樹的思想。

18
與真實的自我會面

誰會認爲自己壞到一無是處？

一切凡小，一切時中，貪愛之心常能汙善心，瞋憎之心常能燒法財。急作急修如炙頭燃，眾名「雜毒雜修之善」，亦名「虛假諂僞之行」，不名「眞實業」也。

——《教行信證》

「凡事只考慮自己的得失，除了吃喝玩樂睡，對別的一概無動於衷。追求美色，沽名釣譽，追錢逐利，貪得無厭。雖然嘴上說自己愚蠢，但一旦眞的聽到別人說自己愚蠢，立刻火冒三丈。其實自己根本就不認爲自己愚蠢。一切思維言行都以自我爲中心，一心一意地想著怎麼自我標榜，怎麼受人恭維。人的所有善行都被這種齷齪的欲望、可怕的憤怒、醜陋的嫉妒所玷汙，不論多麼精進不懈地努力，也不會有一個是眞實的善行。一切都是僞善、都是徹頭徹尾的謊言。」

親鸞聖人對我們的惡明察秋毫，說得如此斬釘截鐵。

但是，我們無論多麼痛感自己可悲可嘆，也不會認爲自己一無是處。總是認爲自己有反省之心，也有羞恥之心，還是有一點可取之處。自稱是親鸞聖人「迷」的五木寬之這樣談論他對人的看法：

人眞的是那麼偉大、那麼優秀嗎？「生而爲人感到羞恥」的感覺，眞的不過是可恥的消極思想嗎？我不這麼認爲。別的人姑且不論，就說我自己，回顧自我，深切感到自己是多麼可悲可嘆啊。一心只想著如何保護自己，沒有眞正愛人之心。放縱欲望，不知自制，欲念強烈，難以收斂。嫌貧懼病，貪生怕死。看到報紙、電視報導外國發生的悲慘事件，如內戰、飢荒、貧困等，也會感到痛心，但轉瞬即逝。意志薄弱，決而不行。

——五木寬之《人生的目的》

誰也不會認爲自己一無是處，總覺得至少還有自我洞察、自我反省之心。那麼，親鸞聖人又是怎麼說的呢？

在X光機面前，無論美醜貧富，全都是醜陋的骨骼

無慚無愧之我身，
雖無絲毫眞實心，
得賜彌陀名號故，
功德充滿遍十方。

——《悲歎述懷和讚》

所謂「無慚無愧」，指的是對別人、對自己都沒有羞恥之心。親鸞聖人在上述和讚中坦言，「別人如果批評自己自私自利，立刻就會生氣；而自己也絲毫不認爲自己的存在可悲可嘆。」

受到恩惠，應當高興，卻高興不起來，既沒有感謝，也沒有反省。無恥者的恬不知恥，不以恥爲恥，不以惡爲惡，目中無人，狂妄自大，飛揚跋扈。跪伏大地謝罪尚且不夠，竟然毫無懺悔之意，實在是厚顏無恥。親鸞之心完全是死的。

由於阿彌陀佛的力量，聖人看清了自己無可救藥、罪大惡極的實相，悲泣地說道：「一切善行難及之身，地獄必爲永恆之家。」（《歎異抄》）對他來說，只有絕望的深淵。

得知自己原是一個對人對己都毫無羞恥之心、壞到一無是處的人，這就是「無慚無愧」的自覺。沒有比這種懺悔更徹底的了，因而被稱爲獨一無二的懺悔。

義大利有這樣一則童話：夜晚，山上的一間小屋裡，蠟燭以爲沒有比自己更明亮的東西了，於是自鳴得意。後來，來了油燈，油燈也同樣驕傲自大。再後來，來了電燈，電燈更是不可一世，蠟燭、油燈都自愧不如。然而，當太陽從東方升起時，蠟燭、油燈、電燈都變得黯然無光。於是，再也聽不到它們說大話了。

對於黑暗來說，蠟燭是光明，油燈比蠟燭明亮，電燈比油燈更明亮，這些都是事實。然而，在無與倫比的光芒萬丈的太陽面前，只能說它們都是「黯淡無光」的。

正如在X光機面前，不論男女老少、美醜貧富，統統都是醜陋的骨骼一樣，無明之闇一旦被破除，就會知道自己是永遠無法得到拯救的、「無慚無愧」的極惡之人。

這就叫做「機的深信」。

煩惱具足之眾生，本無眞實心，無清淨心，以濁惡邪見故。

——《尊號眞像銘文》

「人本來就只有邪惡之心，既無絲毫眞實之心，也無半點清淨之心。」這就是我們的眞實面目。如果不徹底知曉自己必墮地獄，是絕對不會明白的。

19

「惡人」──人的代名詞

現在是開啓過去和未來的鑰匙

在日本，一說到親鸞聖人，人們就會聯想到「惡人正機」這句話。聖人正是以主張「惡人才是被拯救的對象」而著稱。

「惡人」，一般會被理解成冷酷的殺人犯、盜賊等幹壞事的人。那麼，親鸞聖人所說的「惡人」，只是指這些人嗎？讓我們再來聽一聽聖人是怎麼說的吧。

深信：自身現是罪惡生死凡夫，曠劫已來常沒常流轉，無有出離之緣。（機的深信）

「我已經明確知道：現在的我是一個罪大惡極之人，而且從久遠的過去開始一直沉沒在苦海中，未來直到永遠都不可能得到拯救。」

這是親鸞聖人思想的關鍵之處，所以我將不厭其煩地詳加闡述。

這裡所說的「自身」，既非過去的自己，也非未來的自己，而是現在的自己。親鸞聖人說：當明確地知道了現在的自我時，過去和未來也都變得昭然若揭。

「自身現是罪惡生死凡夫」，其意是說得知「現在的自己」是罪惡生死的凡夫。聖人告訴我們：當明確得知這樣的自我之時，也就同時得知了「曠劫已來常沒常流轉」的過去和「無有出離之緣」的未來。

這裡的「曠劫已來常沒常流轉」，說的是從沒有起始的過去一直痛苦至今。而「無有出離之緣」，意爲未來永劫不會得到拯救。親鸞聖人稱之爲「地獄必爲永恆之家」。

人們大概會這樣認爲：所謂前世、來世，豈能爲人所知？然而，聖人說道：「自身現是」的「現在」，其實包含著悠久的過去和永恆的未來，所以只要徹底明確現在，就能知道過去和未來的一切。現在，正是開啓過去和未來的鑰匙。

一位著名的博士在戒酒活動中到某城市演說。有個嗜酒如命的人不理解爲什麼要禁止飲用這樣的美味佳釀，怒氣沖沖地趕到會場。然而他越聽越覺得博士說得有理，心服口服，幡然悔悟，決心戒酒。博士的演說結束後，他立刻拜訪博士，一五一十地坦承自己的思想變化，並懇求博士無論如何寫幾個字做爲戒酒的紀念。

「寫什麼呢？」博士問。

「戒酒至死，怎麼樣？」

「戒酒至死，那太難堅持了吧。今天一天，怎麼樣？」

男子覺得博士實在通情達理，十分感激，情不自禁地向前探身問道：「今天一天就可以嗎？」

「是啊，今天一天就可以。」男子把「今日戒酒一天」的字條拿回家，貼在房間的牆上，盯著大鐘，急切地盼望明天的來臨。夜間臨近十二點時，他拿出清酒，喉嚨已經迫不及待地蠕動起來。十二點一到，「好，現在可以喝了」，便伸手拿酒，可是抬頭一看牆上那張字條，他忽然失望地驚叫起來，「啊！今天一天又要禁酒。」

「今天一天」，原來就是到死爲止的意思。據說這個男子理解了「今天」的眞正含意後，至死滴酒不沾。

今年結束，又是今年。今天結束，又是今天。不論是悠久的過去還是永恆的未來，始終是現在、現在……「現在」的連續。永恆的過去和未來都包含在現在之中，所以自古以來就有「永遠的現在」這種說法。

出息入息，不待命終——後生也許就在下一瞬間

我在前面說過，無明之闇就是「後生黑暗之心」。一聽到後生（即死後），人們往往認爲是三十年、五十年以後的事。然而事實果眞如此嗎？如果今晚去世，後生就從今晚開始。不，也許就在一個小時、甚至一分鐘之後。

一九九五年日本發生大地震時，有的學生被壓死時還保持著在桌前念書的姿勢。每天，世界各地都會有許多人在交通事故中喪生，他們恐怕做夢也想不到自己會死。我們不知道什麼時候就會突然進入後生。

釋尊說：「出息入息，不待命終。」

出氣不待吸氣，生命就終結。從呼出去的氣不能吸進來的那一瞬間就進入了後生，每一次呼吸都與死亡擦肩而過。例如十二月三十一日午夜十一時五十九分五十九秒，一秒鐘以後，三十一日就變成一日，十二月就變成一月，今年就變成明年。同樣地，今生變成後生就在一瞬之間。因此，雖說是「後生」，其實包含在一呼一吸的「現在」裡。

所以，後生黑暗之心並非是對五、六十年以後的事無知的心，而是對現在、此時此刻無知的心。所謂「對現在無知的心」，就是對現在的自己茫然無知的心。把「現在的自己」隱藏起來的，其實正是無明之闇。一旦無明之闇被破除，明確得知了現在的自己的眞實面目，過去、未來也就變得鮮明。

本章開頭所引用的「機的深信」，說的就是這個體驗。「深信」絕非如臆測、想像那樣的模糊曖昧，而是切切實實的親身體驗。

「善人」——以爲自己是善人的人

以《教行信證》爲首，親鸞聖人的所有著作中，沒有一處對人做過善、惡之分。聖人對人的看法始終不變——所有的人都是惡人，是「曠劫已來常沒常流轉」「無有出離之緣」的「罪惡生死凡夫」。

世人一般都會把惡人理解爲冷酷的殺人犯、盜賊等幹壞事的人，但親鸞聖人所說的惡人不僅僅是那樣的人。理解聖人所說的「惡人」的含意沒有那麼簡單。對於明確所有人都是惡人的聖人來說，「惡人」是人的別名，與常識及法律、倫理、道德所說的惡人截然不同。那麼，聖人所說的「善人」又是什麼樣的人呢？不言而喻，這既不是被大家稱讚爲「好人」的那種善人，也不是存在於人的世界之外的什麼善人。

聖人所說的「善人」，是指自以爲是善人的人——既不知道無明之闇，也沒有過無明之闇被破除的體驗，因此完全不明瞭只會造惡的自我實態，而驕傲自負地認爲自己是「善人」的人。

例如「認爲自己想行善就能行善的人」「認爲自己比別人好，透過比較決定善惡的人」「認爲自己對己對人都有些許羞恥心的人」等。對於這些人，聖人說他們是「疑心的善人」。

一切群生海，自從無始已來，乃至今日至今時，穢惡汙染無清淨心，虛假諂僞無眞實心。

──《教行信證》

「所有的人從沒有起始的過去直至今日，都被邪惡汙染，沒有清淨之心，只有虛假諂僞，毫無眞實之心。」當然，聖人所說的「一切群生海」包括古今中外的所有人。

聖人爲什麼能對所有的人做如此斷言呢？

從最深層的含意上說，一就是一切，一個人就是一切人。在一個人身上徹底探究到的眞實，就是所有人的眞實；一個人所體驗的終極眞理，就是一切人必將體驗的終極眞理。親鸞聖人透過自己的眞實讀懂了所有人的眞實、以自己一身的眞理道破了一切的眞理。

20 《歎異抄》中的「往生極樂之道」——法的深信

豁出生命，只為破除黑暗之心，成為必往淨土之身

如第十一章所述，親鸞聖人說道：一旦無明之闇被破除，人生目的得以實現，就會同時明確兩件事——「真實的自我」和「彌陀誓願之真實」。這也被稱為「機的深信」和「法的深信」。

關於「真實的自我」，已經在前文闡述過。而「彌陀誓願之真實」是什麼呢？讓我們來聽聽名著《歎異抄》中是怎麼說的。

諸位越十餘國之境，不顧身命來訪之志，定只為聞問往生極樂之道也。

——《歎異抄》

「你們不惜性命，從關東遠道前來見我，只是爲了問清往生極樂之道這一件事吧。」這一段話見於《歎異抄》第二章開頭處。

親鸞聖人曾在關東地區弘法二十年，於六十歲過後回到故鄉京都。聖人走後，關東出現各種問題，發生多起事件，使聆聽聖人教義的人們信仰上產生了混亂。

「是不是有可以盡快獲救的捷徑？」

「我們是否受騙了？」

爲了弄清事情的眞相，關東的法友們把所有希望都寄託在親鸞聖人一個人身上，踏上了前往京都的旅程。

關東和京都之間路途遙遠，當時要穿越十幾個諸侯小國，步行往返長達六十天。途中不僅要經過陡峭的箱根山、湍急的大井川等多處艱險之地，還隨時可能遭受強盜或山賊的襲擊，是名副其實的「不顧身命」之旅。

面對冒著生命危險遠道而來的關東法友，親鸞聖人開門見山地說道：「定只爲聞問往生極樂之道也。」

「你們就是爲了問清往生極樂之道這一件事而來的吧。」由此可知，聖人畢生的教導除了「往生極樂之道」以外，再無其他。

那麼，「往生極樂之道」是什麼呢？

就是「彌陀的誓願」。前文已多次闡述，彌陀的誓願就是阿彌陀佛發下的「破除所有人的無明之闇，使其實現人生目的」的誓言。換一種說法就是，破除所有人對死後去向不清楚的心（無明之闇），使其成爲必能往生極樂淨土的大安心、大滿足之身。所以親鸞聖人又將彌陀的誓願稱爲「往生極樂之道」或者「度難渡海大船」。

關東法友們就是對這個誓願產生了懷疑。於是，爲了得到必能往生淨土的大安心，他們拚著性命來到了京都。這種心情也是可以想像的。

往生淨土的大滿足

一個人從別人家門前走過，聽見這戶人家在低聲議論自己。

「那個人愛生氣，動不動就打人。這是他的毛病。」

「噢，是眞的嗎？」

這個人一聽，不由得發怒，「憑什麼說我愛生氣？說我動不動就打人？簡直胡說八道！」一頭闖進別人家裡，拳打腳踢，把大家痛打一頓。

於是大家都清楚了，他果然是這種人。

將一大筆錢借給朋友，當朋友把錢歸還時，對他的懷疑就會消失，知道他的承諾是眞實的。同樣地，當成爲必能往生極樂淨土的大滿足之身時，就會知道彌陀誓願是眞實的。這就是「法的深信」。

誠哉！攝取不捨眞言，超世希有正法。

——《教行信證》

「誠哉」，這是聖人因對彌陀誓願再無絲毫疑心而發出的喜悅呼喊；也是聖人因成爲必能往生淨土的大滿足之身，而流露出對「法的深信」的明確表白。因爲「攝取不捨眞言」和「超世希有正法」都是指彌陀的誓願。

必能往生淨土的大滿足，這正是親鸞聖人九十年光輝生涯的源泉。

彌陀的拯救有兩次（二益）

下面這段話是親鸞聖人以彌勒菩薩爲例做出的論述，由此，也可以知道他對自己必能往生淨土的確信。眞正理解這段文字的人，一定會對內容感到驚訝。

> 眞知。彌勒大士，窮等覺金剛心故，龍華三會之曉，當極無上覺位；念佛眾生，窮橫超金剛心故，臨終一念之夕，超證大般涅槃。
>
> ——《教行信證》

「眞是這樣啊！現在我成爲和彌勒菩薩同等之身了！這完完全全是仰仗於彌陀誓願不可思議的力量。不僅如此，彌勒只有在五十六億七千萬年之後，才能得到佛的覺位，然而親鸞我在今生結束的同時就能前往淨土得到佛覺。如此不可思議的幸福，何處之有?!」

彌勒大士是開悟了等覺的菩薩，離佛覺只有一步之遙。因爲成爲與這樣的彌勒同等之身，所以會感受到「生而爲人眞好」的生命喜悅，並且終生不變。

「眞知」，是聖人驚歎於「知曉得無比鮮明」而發出的呼喊。

「現在是與彌勒比肩之身，死後還能先於彌勒得到佛的覺位！」被彌陀所救後，親鸞聖人對今生後世彌陀的兩次拯救不再存有絲毫的懷疑。此時，聖人感受到的大歡喜完全超乎常人的想像。

在朗讀比賽中獲得冠軍、在奧運會上獲得金牌是何等興奮。如果說這種幸福不值一提，也許會令人詫異，但這與實現多生永劫的目的時的喜悅相比，無異於天壤之別。

即使現在，信仰彌勒菩薩的人也不在少數。他們如果看到上面引述的聖人的話，恐怕會認爲是「蠢話」「瘋話」吧。事實上，江戶時代，著名的比叡山學僧就曾唾棄《教行信證》是瘋人狂語、一派胡言，棄之於窗外。這種衝動似乎也不難理解。

關於今生後世兩次彌陀的拯救，親鸞聖人有過很多論述，而蓮如上人也以通俗易懂的問答形式加以解釋。

問曰：正定與滅度，應解爲一益，抑或二益？

答曰：一念發起之時，即成正定聚。此乃穢土之益。而滅度乃於淨土所得之益。故應解爲二益。

——《御文章》

問：「彌陀的拯救是一次、還是兩次？」

答：「今世被救攝成爲與彌勒菩薩同等之身（正定聚），死的同時在彌陀的淨土得到無上的覺位（滅度）。彌陀的拯救有兩次（二益）。」

火宅無常之世界，萬事皆為虛假，無有眞實。唯有念佛才是眞

現在回到《歎異抄》第二章。關東的人們為詢問往生極樂之道這唯一目的而不顧性命前來京都，然而親鸞聖人對他們所說的話卻令人感到意外。

因彌陀本願為眞實，故釋尊說教無虛言。
因釋尊說教為眞實，故善導之釋無虛言。
若善導之釋為眞實，則法然之言豈虛哉。
若法然之言為眞實，焉可謂親鸞之語虛妄哉。

——《歎異抄》

「因為彌陀的本願（誓願）是眞實的，所以只闡述這一誓願的釋尊、善導、法然的教義就不會有虛假。既然他們的教義是眞實的，怎麼能說原原本本地傳播他們教義的親鸞有妄言呢？」

也許有人會提出疑問，「這樣說不是顚倒了嗎？」爲什麼呢？因爲關東的人們是由於對「彌陀的本願」產生了懷疑，才來向親鸞聖人確認本願是否眞的如其所說那樣眞實無疑，而聖人卻不做任何解釋說明，直接把「因彌陀本願爲眞實」做爲大前提予以回答。那麼，這個大膽的反論般的斷言意謂著什麼呢？又是基於什麼樣的體驗呢？

> 煩惱具足之凡夫，火宅無常之世界，萬事皆爲虛假，無有眞實。唯有念佛才是眞。
>
> ——《歎異抄》

「充滿煩惱的人，居住在不知何時會發生何事的火宅般的無常世界裡，一切都是虛假的，毫無眞實可言。唯有念佛才是眞實。」

在親鸞聖人看來，除了彌陀本願，別無眞實。「唯有念佛才是眞」，只是將「唯有本願才是眞」換了一個說法而已。

除了彌陀本願之外，此世沒有任何確實之物。正因爲親鸞聖人立足於這種鮮明不動的「法的深信」，所以才會毫不猶豫地說出「因彌陀本願爲眞實……」。

彌陀的本願是眞實的，這一直就是親鸞聖人的原點。

21 知曉未來的智者

智者與愚者的分界線

吾身今已歲窮，定當先行往生，必於淨土相待也。

——《末燈鈔》

「親鸞我今生壽命將盡，必將先行前往淨土。我在淨土等待你們，你們一定要來啊！」

連明天會發生什麼都無法得知，聖人怎麼會說得這樣肯定呢？讓我們從聖人的著作中找一下答案吧。

無礙光明，破無明闇慧日。

——《教行信證》

「因爲彌陀的光明是智慧的太陽，它能夠破除無明之闇，使我們清楚知曉死後的去處。」

「智慧」也可以說是預知未來的能力。圍棋、象棋的高手能看出二、三十步以後的棋局變化，而棋藝差的人連一步也看不出來。那是因爲他沒有這方面的智慧。

誰都想知道自己的未來，都希望擁有知曉未來的智慧安心地活下去。去算命卜卦也肯定是因爲不知道未來會怎樣，心裡感到不安。

圍棋、象棋的智者，是指在其領域常勝不敗的高手。那麼，人生的智者是指什麼樣的人呢？讓我們請教一下蓮如上人。這段話摘自一封廣爲人知的信函。

雖知悉八萬法藏，而不知後世，是爲愚者；縱一字不識之尼入道，卻知後世，是爲智者。

——《御文章》

即使是能背誦百科全書的博學之士，如果不知道後世（死後），也會被稱爲愚者。爲什麼這麼說呢？因爲死亡是確鑿無疑的未來，人活著卻不知道死後會怎樣，就如同飛行員在飛行，卻不知道降落地點在哪裡。人出生的時候就好比是飛機起飛的時候，如果不知道目的地，會出現什麼樣的結局呢？借用超級推銷員奧城良治的話來說：

那麼，到哪裡去呢？咦？不知道在哪個機場降落，既沒有地圖也沒有指南針！管他呢，反正燃料充足、飛機結實，快快活活地飛吧！只要每天生活得愉快，這就夠了。至於將來的事情，用不著擔心。

就這樣一天天地過去，燃料逐漸耗盡。這就是所謂「人生的晚年」。

這下可糟了，不能再繼續飛行了。以前一直過著「今朝有酒今朝醉」的日子，如今要完蛋了。下面一片大山，根本看不見像是機場的地方。怎麼辦?!怎麼辦?!嚇得臉色蒼白、渾身發抖，在手足無措的惶恐中，飛機終於撞到山上，釀成悲慘的人生結局！

——奧城良治《強力推銷的祕密》

如果對確鑿無疑的未來不加以思考，自然要被人嗤爲愚者吧。與知道很多事情的人相比，知道最重要事情的人才是智者。哪怕不知道字的一筆一畫怎麼寫，只要明白自己不論何時死去都一定會往生淨土，明確知道死後去處，就可以說是眞正的智者。蓮如上人說：智者與愚者的分界線就在於「是否知道後世」。

如何才能成爲智者

親鸞聖人說：一切諸佛、菩薩等之所以絕口稱讚阿彌陀佛爲「智慧光佛」，是因爲他能夠破除無明之闇——不知道死後去向之心（苦惱的根源）。

因破無明之闇故，
名其爲智慧光佛。
一切諸佛三乘衆，
所以齊聲共嘆譽。

——《淨土和讚》

前面說過，彌陀的光明（智慧）能夠破除無明之闇，讓我們明白自己死後的去向，所以被稱爲「智慧的太陽」。天無二日，同樣地，破除無明之闇的「太陽」也只有一個。這就是彌陀的拯救受到稱讚的緣故吧。

由此可知：要成爲知曉未來的智者，確知自己「必能往生淨土」，只有依靠這智慧的太陽照破無明之闇。

易往而無人

「往生」一詞出自佛教，本意是前「往」淨土、「生」而為佛。然而，現在它的含意被誤用為「死」。例如，「聽說那個鄰居老太太今天早上往生了」等。「往」是「前往」，「生」是「出生」或「活著」之意，即使從字面上看，也沒有「死」這樣消極的意思。一般人都曲解了原意。

另外，很多人都認為「人死後會進入極樂世界，都能成佛」，其實這也是對佛教的誤解。大概正因為如此，所以人們把死者稱為「佛」。一說「佛」，幾乎所有的人都認為說的是死者。

有次，我問一個不信教的女大學生，「佛教的佛與基督教的神有什麼區別？」她回答說：「人不能成神，但能成佛。」她的回答出乎我的意料，便問她為什麼。她說：「人死後不就都成佛了嗎？」這個回答使我大為失望，也讓我深刻反思。

人死後都成佛，這絕非佛教的教義，也不是親鸞聖人的教導。

能夠前往淨土成佛的，只有已經得到彌陀拯救的人。是否已經被彌陀拯救，在活著的時候就會明確知曉，所以能否往生，也是在活著的時候就能夠知道。一旦被救攝，無明之闇被破除，就會明確知道自己必能往生，蓮如上人稱之爲「往生一定」。正如大學入學考試的學生在結果公布之前，對自己能否被錄取沒有把握，心亂如麻，忐忑不安。一旦看到錄取通知書，就會明確知道自己考上而安下心來。

所以，往生並不是任何人都可以實現的。

釋尊說：「易往而無人。」（《大無量壽經》）就是彌陀淨土容易去，但去的人卻很少的意思。也許有人覺得這句話不合情理：如果容易去，去的人就應該多，如果去的人少，就不能說容易去。

那麼，釋尊的這句金言究竟是什麼意思呢？

所謂「易往」，說的是已經乘上大悲願船，得以輕鬆渡過人生苦海的人。因爲對他們來說，人生已成爲前往淨土的愉快航行，所以「易往」。

徒步旅行要翻山越嶺，一路艱辛；乘船旅行則把一切交給船長，快樂輕鬆。如果乘坐上彌陀本願的大船，就能在大悲之風的吹送下，一帆風順地前往淨土，所以沒有比這更「易往」的事了。

那麼，爲什麼說淨土裡的人很少呢？親鸞聖人是這樣解釋的：

所謂「易往而無人」。「易往」，即容易前往。若乘本願力，則必能生於本願實報土，故易往。「無人」者，因眞實信心之人難有，故生於實報土之人稀少。

——《尊號眞像銘文》

「釋尊所說的『易往』彌陀淨土，說的是已經乘坐上大悲願船的人。因爲是完全依靠彌陀一佛的力量前往，所以沒有比這更容易的了。而釋尊又說『無人』，是因爲乘上大悲願船的人十分稀少。」蓮如上人的解釋也是一樣的，他說：

故《大經》謂之爲「易往而無人」。此文意爲：若得安心，一心信彌陀，則易往淨土，然得信心之人稀少，故雖易往而少有人往。

——《御文章》

「得安心」「得信心」，說的都是被彌陀救攝，乘上大悲願船。所以這段話的意思是：已經被彌陀救攝，乘上大悲願船的人易往淨土，然而，乘上大悲願船的人卻很少，所以釋尊說「易往而無人」。

大悲願船從久遠的過去就一直停泊在我們面前，船長竭盡全力大聲呼喚，但是由於我們沉溺於難渡海，一心只想抓住浮木求生，對船長的呼喚連聽也不想聽。

未能過足下小溪，焉可渡前方大河

親鸞聖人的著作尤其引人注目之處，是對彌陀兩次拯救的闡述，特別是對現世拯救的強調。

無因則無果。如果沒有遇到平生的拯救（因），也就無法指望死後的拯救（果）。連腳下的小溪都過不去的人，又怎能渡過前方的大河呢？只有今生得到拯救的人，才能在死後往生極樂淨土。

彌陀發誓救攝現世的苦惱（不體失往生），讓人們活在未來永恆的幸福裡（體失往生）。體失、不體失往生的爭論，明確了今生後世兩次拯救（兩個往生）才是彌陀誓願的本意（參照第十章）。

善惠房證空不知道今生的拯救，只把死後的拯救做爲彌陀的誓願。正是親鸞聖人糾正了他的錯誤。

未來永劫是幸福還是不幸，取決於活著的時候。

22 心靈無法想像、語言無法表達的世界

「百思不得其解……」

一旦被彌陀誓願不可思議所拯救，無明之闇被破除，便會毫無懷疑地清楚知道兩件事：「必定永墮地獄」（機的深信）和「必能前往極樂」（法的深信）。

因為同時明確知曉必定墮入地獄和必能前往淨土，所以稱之為「機法二種一具之深信」（二種深信）。

「必墮地獄」和「必往極樂」，這兩件事情怎麼可能同時知道呢？二種深信的世

界是無法用常識來解釋的，只能以不可思議來形容吧。在親鸞聖人的著作中，充滿了對二種深信之不可思議的讚歎。下面略做介紹：

佛說五不思議中，
無比佛法不思議。
所謂佛法不思議，
即爲彌陀之弘誓。

——《高僧和讚》

「釋尊說世上有五種不可思議，其中最不可思議的是『佛法不可思議』。所謂『佛法不可思議』，說的就是彌陀拯救的不可思議。」

五濁惡世之眾生，

若信選擇之本願，
不可稱說不思議，
功德充滿行者身。

——《高僧和讚》

「眞是不可思議！爲什麼罪業深重的我竟然得到了救攝？爲什麼我會如此愉快？爲什麼我會如此幸福？爲什麼像我這樣的惡人還能存在於這個世上？百思不得其解……進入佛法不可思議的世界，所有人都會全身充滿生命的歡喜和滿足。」

親鸞聖人那種「不可稱、不可說、不可思議」的歡喜雀躍之情躍然紙上。

「大信海不拒絕任何人，那是完全自由的世界」

自利利他皆圓滿，
歸命方便巧莊嚴，

心思言語皆斷絕，
速歸不可思議尊！

——《淨土和讚》

「彌陀一切完備的拯救，完全超越了語言所能表達的境界、思維所能想像的範疇。眞希望所有的人都能盡快遇到彌陀誓願的不可思議。」

親鸞聖人在這首《淨土和讚》中極力將自己渾身洋溢的喜悅傳遞給大家。他的心情迫切焦灼，如同急於向尚未品嘗佳餚的人說明其美味一樣。聖人的火熱之心令人感動。

這種心靈無法想像、語言無法表達的世界，聖人高聲地將其讚頌爲「大信海」。

凡按大信海者，不簡貴賤緇素，不謂男女老少，不問造罪多少，不論修行久近。

——《教行信證》

親鸞聖人如此斷言，「不論貴賤、僧俗、男女老少、罪孽輕重、善根多少……大信海不拒絕任何人，那是完全自由的世界。」

接著，聖人連續使用十四個「非」字，否定人的一切智慧。這無疑是對心靈無法想像、語言無法表達的「二種深信」最極致的表現。

非行非善，非頓非漸，非定非散，非正觀非邪觀，非有念非無念，非尋常非臨終，非多念非一念。唯是不可思議、不可稱、不可說信樂也。

——《教行信證》

有這樣一則笑話：一個小和尚端著炭火，不小心腳下絆了一下，火星落到他的腳背上。小和尚燙得「唉呦喂！」叫著跳起來。住持見他這個樣子，便想捉弄一下，問道：「小和尚，你剛才叫唉呦喂，這到底是什麼意思啊？你說說看！」

「噢……噢……」小和尚回答不上來。

住持大聲喝斥，「這麼點事都解釋不了，還想當和尚嗎?!」

小和尚無言以對，突然把手裡剩下的炭火往住持光禿禿的腦袋上撒過去。

「唉呦喂！唉呦喂！你幹什麼?!混蛋！」住持忍不住吼叫起來。

小和尚立刻反唇相譏：「師父，請您說明一下什麼叫唉呦喂。要是連這個都解釋不了，還怎麼當住持？」

從這則笑話可以體會到，就連很一般的體驗，也極難表達。何況親鸞聖人要向人們拚命傳達的是語言文字都無法表述的、甚至無法想像的「大信海」的世界。因此聖人最後也只好說：「唯是不可思議、不可稱、不可說之信樂（信心）也。」從中彷彿看到合掌感激涕零的聖人的尊容。

與幸福永遠無緣之人得到無上的幸福

覺如上人這樣講說彌陀拯救的不可思議。

正因以本願之不可思議，使絕對不可生者業已出生，故名其爲「超世之悲願」，亦稱之爲「橫超之直道」。

——《改邪鈔》

「正因爲彌陀的本願（誓願）使永遠與幸福無緣的人得到了無上的幸福，所以唯有尊之爲不可思議、實在不可思議。」

使「絕對不可生者」「業已出生」的本願之不可思議是怎麼回事呢？假設有一個難產兒，被全世界的婦產科醫生都診斷爲「不可生」。在大家都束手無策、準備放棄之時，卻有一位醫生使他順利地生下來了。那麼這位醫生一定會受到所有人的稱讚，被譽爲不可思議的名醫。

什麼叫「絕對不可生者」呢？就是「永遠與幸福無緣的人」。所謂「使之業已出生」，就是「讓他得到了絕對的幸福」。由於是「已經」，所以這明顯是在活著的時候。

得知自己是「絕對不可生者」（永遠與幸福無緣）而墮入絕望深淵的人，卻被彌陀本願所拯救而「業已出生」（得到了絕對的幸福）。因而得知彌陀的本願是多麼的不可思議！不由得讚歎這是超越了人的智慧的「超世之悲願」「橫超之直道」。

「眞的有這樣的世界嗎？」大概有許多人會驚訝地瞪圓眼睛。而絕大多數人恐怕根本就不予理睬，「胡說八道！不可能有這種事！」

對於這些人，親鸞聖人告誡，「是啊，因爲這是連彌勒也無法知察了解的世界啊。」

以補處之彌勒菩薩爲首，無人知佛智之不可思議。

——《末燈鈔》

「連最接近佛覺的彌勒菩薩也無法知道佛智的不可思議，他人更是不得而知。」

23 人生目的一旦完成，會發生什麼變化呢？

人生有目的——就是依靠彌陀的力量破除無明之闇，獲得未來永恆的幸福。親鸞聖人明確斷言。

那麼，一旦無明之闇被破除，會發生什麼變化呢？讓我們接著聽一聽聖人的教導吧。

心如優游於淨土

已能雖破無明闇，
貪愛瞋憎之雲霧，
常覆眞實信心天。

譬如日光覆雲霧，
雲霧之下明無闇。

——《教行信證》

「無明之闇一旦被破除，就會看到自己赤裸裸的原形，除了欲望、憤怒、嫉妒等煩惱以外，沒有任何別的東西。但是，正如不論雲霧如何遮天，只要太陽出現，雲霧下就變得明亮一樣，儘管依然充滿著欲望、憤怒、嫉妒等煩惱，心卻如優游於淨土般明朗愉快。」

佛教把欲望、憤怒、嫉妒等稱爲煩惱，並把人稱爲「煩惱俱足的凡夫」，就是說人是由煩惱構成的，除了煩惱別無他物。

在這段話中，聖人把構成人的一〇八種煩惱比喻爲雲霧，把被彌陀救攝的世界（眞實信心）比喻爲天。一旦得到了彌陀的救攝，無明之闇被智慧的太陽破除，就會得知自己是由欲望、憤怒等構成的煩惱具足之人。這就是「貪愛瞋憎之雲霧，常覆眞實信心天」的告白。

下面這段話中聖人再次指出：除卻欲望、憤怒、嫉妒之外別無其他——這就是煩惱具足的人的實態（機的深信）。

所謂「凡夫」，無明煩惱溢滿我等之身，欲亦多、瞋怒嫉妒之心多而無間斷，直至臨終一念，不止不消不絕。

——《一念多念證文》

（這裡所說的「無明」，並非遇到彌陀拯救時就會消失的無明之闇，而是指欲望、憤怒等煩惱。）

「人是由欲望、憤怒、嫉妒等構成的，這些煩惱至死都不會平息、減少，當然也絕對不可能根除。」

但是，不論雲霧如何遮天，只要太陽出來，雲霧下面就是明亮的。同樣地，不論煩惱之雲如何遮蔽天空，在智慧的太陽照耀下，心就如優游於淨土般明朗愉快。這樣的世界，聖人將其斷言爲「雲霧之下明無闇」。然而，如果沒有太陽，就不會知道有遮天的雲霧，也不會知道黑暗之爲黑暗，更無從知曉「雲霧之下明無闇」的世界。

同樣地，如果無明之闇沒有被智慧的太陽破除，我們就不會知道自己是煩惱具足之身，也不會知道無明之闇之爲黑暗。當然更無從知曉滿心煩惱即滿心喜悅的優游於淨土之心。

親鸞聖人的這段話以巧妙的比喻指出：成就人生目的的關鍵不在於有無煩惱，而是取決於是否破除了無明之闇。

無欲無求就是幸福嗎？

一聽說「被拯救」，有的人就認爲心態會發生變化，什麼事都往好處想；有的人則認爲會變得多少能忍受一些痛苦。

五木寬之這樣推測：

那麼，會發生什麼變化呢？大概是這樣的吧：覺得痛苦依然存在，但卻可以忍受了。我之所以不做斷言，是因為我認爲即使得到了眞實的信仰，人有時也會失去活下去的力量。這只能說是「並非人的意志所能左右」。

——五木寬之《人生的目的》

另外，還有人認爲，得到拯救之後，會從執著中解放出來，對錢財淡泊，人生變得逍遙自在。

中國的老子說，幸福就是「知足」。在日本，出於對泡沫經濟的反省，也有一本名爲《清貧思想》的書一度成爲熱門話題。這或許是因爲有不少人都認爲，要想得到幸福，就必須抑制自己的欲望吧。甚至有的人認爲，不徹底根除欲望，就得不到幸福。對於這樣的人，卡利克勒斯嘲笑說：如果說欲望消失就是最大的幸福，那麼石頭、屍體就是最幸福的。

雖說如此，但如果要滿足自己無窮無盡的欲望，那一定至死都難以做到，必將痛苦一生。怎樣才能得到幸福？所有的哲學、思想都在這個問題上束手無策。

然而，親鸞聖人用「雲霧之下明無闇」這句話直截了當地指出：這世上存在著令人驚歎的幸福，這種幸福是欲望、憤怒等煩惱不減少不消除就能夠體驗到的。

在這裡，聖人再一次試圖用語言文字表達超越言語和思維的世界。這無疑是對不可能之事的挑戰。眞實的拯救（二種深信）是語言所無法表達的，但因爲沒有別的傳達方式，聖人也只好以比喻加以說明。

煩惱即菩提

無明之闇被破除，聖人得知自己的心中充滿了煩惱，於是發出「可恥、可傷」的懺悔，這懺悔同時變成了「慶哉……慶喜彌至」的歡喜。這樣，苦惱成爲了歡喜的源泉。爲了闡述這煩惱即菩提的不可思議，聖人以如下的比喻加以說明。

罪障成爲功德體，
恰可喻爲冰與水，
冰若多則水亦多，
障若多則德亦多。

——《高僧和讚》

「無明之闇一旦被破除，欲望、憤怒等煩惱（罪障）之冰就會消融，化作幸福喜悅的菩提之水（功德體）。如同冰的體積越大，所融化的水越多一樣，罪大惡極的親鸞才是無與倫比的幸福者。」

猶如澀柿子的苦澀轉化爲甘甜，滿心煩惱（痛苦）會轉化爲滿心功德（幸福）。

親鸞聖人的斷言沒有絲毫的猶疑。

主上、臣下，背法違義，成忿結怨。

——《教行信證》

「從天皇到臣子，都在違逆佛法、踐踏正義、任恣而爲、犯下大罪。啊，這是多麼殘暴的行徑！」

這是親鸞聖人在三十五歲時，遭受當權者的專橫迫害，被流放到越後（今新潟縣）時發出的憤怒呼喊。然而，同樣是對這次流放，親鸞聖人又感嘆道：

大師聖人（法然上人）倘未被處以流刑，吾亦不應赴配所。若吾未赴配所，將以何教化邊鄙之群類哉。此亦爲師教之恩所致也。

——《御傳鈔》

「如果法然上人沒有遭受流放之刑，親鸞我大概也不會被流放。如果我沒有遭受流放之刑，一定沒有機緣將人生的目的告訴越後的人們。這是多麼值得慶幸的事情啊！一切都要感謝法然上人。」

嘆息多，則歌聲高。這就是苦惱轉化成歡喜的源泉——「轉惡成善」（惡轉化爲善）「煩惱即菩提」（煩惱轉化爲菩提）的實證，也正是大信海之不可思議！

深知如來矜哀，良仰師教恩厚。慶喜彌至，至孝彌重。……唯念佛恩深，不恥人倫嘲。

——《教行信證》

「爲什麼會如此幸福地得到彌陀的拯救啊？我無比歡喜，由衷感激，更加感受到如來的深厚慈愛。無論受到怎樣的誣蔑謾罵，也必將勇往直前。」

嘲笑、謾罵、鎮壓等越是猖獗地蜂擁而至，親鸞聖人報謝如來深恩的喜悅心情就越強烈，這貫穿了他整個堅強的人生。

「眾禍波轉」（痛苦轉變爲喜悅），聖人帶著喜悅的光輝，微笑著向我們走來。

24 《歎異抄》與人生目的

一定要使所有人獲得攝取不捨的利益——這就是彌陀的誓願

《歎異抄》做爲一本記載了親鸞聖人教導的古典名著，在日本廣爲人知。該書共有十八章，其全部內容都濃縮在第一章裡，而第一章的內容又都濃縮在開篇的「被彌陀誓願不思議所拯救」這一句話裡。所謂「彌陀誓願不可思議的拯救」，說的正是「二種深信」。

做爲一篇名文佳作，《歎異抄》給世人留下了深刻的記憶。然而，如果不知道「二種深信」，這本書就會變得如同讓小孩手拿剃刀一樣危險。所以蓮如上人忠告說，《歎異抄》並不是任何人都可以看的。

讓我們先探討第一章的前半部分吧。

信「被彌陀誓願不思議所拯救，必遂往生」，欲念佛之心發起之時，即獲攝取不捨之利益也。應知彌陀本願，不簡老少善惡之人，唯以信心為要。

——《歎異抄》

「彌陀誓願就是一定要使所有人獲得攝取不捨的利益（絕對的幸福），成為必能往生淨土之身。當得知彌陀這一誓願是真實的，欲念佛之心生起之時，就會獲得攝取不捨的利益，得到絕對的幸福。彌陀的拯救完全沒有善人惡人之分。」

閱讀《歎異抄》的動機應該有很多。因為是佳作、是名篇，或者是對親鸞聖人感興趣等等。不過，我更希望大家都是為了獲得書中所說的「攝取不捨之利益」。

「攝取不捨」是救攝而不捨棄，「利益」是幸福的意思。「攝取不捨之利益」就是被牢牢地救攝而絕不會被捨棄的幸福。

我們心中總是潛藏著隱隱的不安，擔心自己會被幸福所拋棄。難道不是嗎？我們害怕失去健康、孩子、戀人、朋友，害怕被公司、金錢、財富、名譽、地位所拋棄……無論得到什麼樣的幸福，都是戰戰兢兢、如履薄冰，深怕這些會離自己而去。因爲我們知道，自以爲到手的歡樂其實只是黃粱一夢，相信已握在手中的幸福也不過是曇花一現。即使幸福會短暫持續，被一切拋棄的時刻也終將到來。

讓我們再來看看蓮如上人的遺訓吧。

將死之時，曾賴以依憑之妻、子、財寶，無一相隨我身。故死出山路之末、三塗大河，須唯我一人獨渡。

——《御文章》

「在即將死去的時候，一直作爲人生依靠的妻子、兒女、財產，都絲毫依靠不上。曾擁有的一切都將棄自己而去，不得不一個人離開這個世界。赤裸裸地，究竟去往何方？」

盛開的鮮花終有凋落時。一旦站在死亡的邊緣，曾經不惜一切聚斂而來的財富、名譽、地位，全都會離開自己，不得不孤單地離開此世。還有比這更不幸的事情嗎？面對走向如此巨大悲劇的人類，親鸞聖人明確地指出絕對幸福的儼然存在。

獲得「牢牢地被攝取而絕對不會被捨棄」的幸福，感受到釋尊所說的「人身難得今已得」（生而爲人眞好）的生命喜悅——這光輝燦爛的「攝取不捨之幸福」，才是所有人共同追求的人生目的。

在產生「欲念佛」之心的時候獲救

喜歡《歎異抄》的人雖然很多，但知道「獲得攝取不捨之利益」是人生目的的人恐怕很少。這也許是「不識廬山眞面目，只緣身在此山中」的緣故吧。在《歎異抄》中，得到攝取不捨之利益、成就人生目的的人被稱爲「念佛者」，而那個無比幸福的世界被稱爲「無礙之一道」（《歎異抄》第七章）。

關於無礙之一道，我將在下一章中詳述。這裡首先要闡述的是，如何才能獲得攝取不捨之利益呢？

答案在這句話裡，「欲念佛之心發起之時，即獲攝取不捨之利益也。」《歎異抄》中明確指出：獲得攝取不捨的幸福，是在產生「欲念佛」之心的時候。既不是念完「南無阿彌陀佛」就可以獲得，也不是只要持續念佛就能夠獲得。而是在念佛之前，在「南無阿彌陀佛」的「南」字還沒有說出來之前，「欲念佛」之心產生的時候。

但是，產生「欲念佛」之心時也有各種不同的情況。

比如說在三更半夜獨自路過墓地的時候念佛。即便是無意識的，大概也會是出於驅鬼避邪的心理。或者是在親人去世的時候傷心哀痛地念佛。也有演員在演出的時候，按照劇本的要求照本宣科地念佛。這些雖然同是產生了「欲念佛」之心，其動機卻各有不同。

「欲念佛之心」即「他力的信心」。他力就是由彌陀所賜予的意思

那麼，「欲念佛之心」是什麼樣的心呢？這就成爲一個重大的問題。因爲這個「心」是能否獲得攝取不捨幸福、能否實現人生目的的關鍵。

《歎異抄》第一章的第一句「信『被彌陀誓願不思議所拯救，必遂往生』」，正是對這個心的闡述。

所謂「被彌陀誓願不思議所拯救」，就是獲得攝取不捨之利益，明確得知了彌陀誓願之不可思議。而「信必遂往生」，就是知道不論何時死去，都必能往生淨土，已經明確死後的去向。

在《歎異抄》第一章中，「被彌陀誓願不思議所拯救」「信必遂往生」「欲念佛之心」「攝取不捨之利益」，這四句話雖然用詞有所不同，其實說的都是在同一個時刻產生的同樣的心。只是由於無法同時寫出或說出，在表達時才會有先有後。

因爲這些全都是由彌陀所賜，所以說「獲得」攝取不捨之利益；因爲是彌陀所賜之心，所以稱爲「他力之信心」。所謂「他力」，就是「彌陀所賜」的意思。

唯「他力之信心」至關緊要

聖人在下面這段話中說道：得到他力之信心，就是獲得攝取不捨之利益。

所謂信心決定，即蒙攝取之時也。此後居於正定聚之位，直至往生淨土之時。

——《末燈鈔》

「所謂『信心決定』，就是指獲得攝取不捨之幸福的時候。此後成爲必能往生淨土的大安心、大滿足的『正定聚』之身，直至死亡。」

「信心決定」，也被聖人稱爲「信心獲得」。「信心」原意是指信仰之心。一般人聽到信仰之心，大概會聯想到相信求神拜佛就一定能發財、能治病的那種信仰之心吧。然而，親鸞聖人所說的「信心」卻完全不同。聖人指的是彌陀所賜的「他力之信心」，亦即「二種深信」。這是在「欲念佛之心發起」的瞬間，得到攝取不捨之幸福、完成人生目的時所獲得的「信心」。在凝注了其畢生心血的——《教行信證》一書中，「他力之信心」是聖人闡述的唯一主題。正因如此，聖人的教義被稱爲「唯信獨達之法門」，就是「只要獲得他力之信心，就能完成人生目的」之意。

對此，《歎異抄》第一章中這樣強調：

應知彌陀本願，不簡老少善惡之人，唯以信心爲要。

——《歎異抄》

「能否獲得攝取不捨的幸福，與是男是女、是老是少、是慈善家還是殺人犯、是聰明還是愚蠢等毫無關係。唯一至關緊要的就是『他力之信心』。」

那麼，「念佛」又是怎麼回事呢？

聖人說：獲得攝取不捨利益之後的念佛，都成爲報恩感謝的念佛，皆是出於實現了人生目的的喜悅而情不自禁地稱念。

蓮如上人對「念佛」的教導也是一樣的。

所謂「攝取不捨」，乃攝取且絕不捨棄之意也。為彌陀攝取者即稱為獲信心之人。此後無論醒、寐、坐、立，凡稱念「南無阿彌陀佛」，皆乃感念此身被彌陀所救，為報佛恩之念佛也。

——《御文章》

「被彌陀拯救成為『攝取不捨』之身的人，出於被拯救的喜悅而情不自禁地稱念『南無阿彌陀佛』。這是充滿感激的念佛。」

然而不知何故，在日本，連學校的教科書上都寫著：親鸞聖人的教義是只要念佛即可往生極樂世界。如果這是出於對有著「剃刀聖教」異稱的《歎異抄》的誤解，那就太令人遺憾了。

惡人爲什麼能成爲無上的幸福者？

對大人來說不可或缺的剃刀，在孩子手裡就可能變成凶器——潛藏著這種危險的話語在《歎異抄》中隨處可見，所以該書也被稱爲「剃刀聖教」。《歎異抄》第一章的後半部分也非常容易引起誤解。

因其乃爲拯救罪惡深重、煩惱熾盛衆生之願也。

故若信本願，則無需他善，因無有勝於念佛之善故；惡亦不需懼，因無有障礙彌陀本願之惡也。

——《歎異抄》

「惡人爲什麼能獲得無上的幸福？因爲本願是爲了拯救罪業最深重的人。所以如果已經被彌陀的本願所救攝，就不需要一切善，也不會對任何惡感到害怕。因爲沒有比被彌陀救攝更令人歡喜的幸福，也沒有任何惡能夠破壞這個幸福。」

聽到這裡，即使不至於錯誤地認爲「既然惡人才是彌陀本願拯救的對象，那就不需要行善，壞事做得越多越好」，恐怕不少人也會產生一些類似的誤解吧。因此，我必須指出：如果不知道二種深信，在理解這句話時就會出現很大的謬誤。

超越了善惡的世界

什麼是「無需他善，因無有勝於念佛之善」呢？比如說，被久治不癒的疾病所折磨的人，如果已經用特效藥治癒了疾患，還會去尋找其他的藥嗎？如果還想要別的藥，只能說明他的病還沒有好。對於明確知道已被彌陀拯救的念佛者來說，不可能再有爲了獲救而要努力去做的善。如果還在爲獲救而努力行善，這只能說明他還沒有得救。

聖人在這句話中明確指出：獲得攝取不捨的幸福、實現了人生目的之人，會在每一次呼吸的瞬間感受到生命的尊嚴，不由自主地竭盡全力去行善以報謝佛恩，但心中卻不會有一絲一毫「爲達成人生目的而行善」的想法。

「惡亦不需懼，因無有障礙彌陀本願之惡也。」是怎麼回事呢？被彌陀拯救的念佛者清楚知道自己是罪惡至極之人（機的深信），同時也詫異地知道如此惡人正是彌陀拯救的對象（法的深信）。所以，對這樣的念佛者來說，不可能再有什麼惡會使他感到懼怕。

懼怕自身的罪惡，擔心「像我這樣的罪人恐怕得不到拯救」，那是因爲他還不知道自己其實是絕對不可能被拯救的極惡之人。

得到彌陀的拯救，知道自己是煩惱熾盛、罪惡深重之人的念佛者，會在善亦無欲惡亦不懼的、超越了善惡的世界裡獲得大滿足。親鸞聖人如是說。

25

人生目的是「無礙之一道」

「不自由，毋寧死！」——眞正的自由在哪裡

「依智而行，則生硬刻板；任情而動，則隨波逐流；固執到底，則窘迫坐困。總之，此世間難以安居。」（夏目漱石《草枕》）

「人，生而自由，卻又無往而不在枷鎖中。」（盧梭《社會契約論*》）

古往今來，人們都在發出同樣的嘆息。

孩子被禁錮在父母的殷切期望裡，丈夫被束縛在工作中，妻子則被家庭緊緊地拴住。而年老以後，又被幽禁在狹小黑暗的房間裡。每個人心中都渴望著自由，卻似乎哪裡都沒有自由。

然而，親鸞聖人卻宣告說，存在著沒有任何障礙的世界，那就是「無礙之一道」。《歎異抄》第七章中這樣記載：

念佛者，無礙之一道也。若謂緣何？信心之行者，天神地祇亦敬伏，魔界外道亦不能障礙，罪惡之業報亦不感，諸善亦不及，故曰無礙之一道也。云云。

——《歎異抄》

簡單地說，意思是「得到攝取不捨利益的念佛者，將活在任何障礙都不再成爲障礙的美好世界裡。這是爲什麼呢？因爲得到他力信心的行者，成爲天地諸神也俯首敬仰、魔界外道也誠惶誠恐的念佛者；成爲一個任何惡報都不以爲苦、任何傑出人物努力（諸善）的結果都無法企及的、完全無拘無束的自由人」。

「念佛者，無礙之一道也。」聖人的這句斷言首先就令人驚訝。

提到念佛者，大概會被認爲是所有稱念「南無阿彌陀佛」的人吧。其實雖然同是念佛，念佛之心卻各不相同。比如說淚水，即使其化學成分完全相同，也可分爲「喜悅的淚水」「悲傷的淚水」「懊悔的淚水」等，因爲流淚時的心情各有不同。同樣地，雖然都是在稱念「南無阿彌陀佛」，有的人認爲「念佛不過是諸善中的一種」，有的人卻相信「念佛是一切善行遠不能及的至善」。

然而，還存在著一種念佛者，那就是已經被拯救到無礙之一道的世界，出於滿心歡喜而情不自禁地稱念「南無阿彌陀佛」的人。親鸞聖人所說的正是這種念佛者，也就是前一章闡述過的獲得了他力信心、成爲攝取不捨的無上幸福之身的人。在上面引用的文字中，「念佛者」隨後即被稱爲「信心之行者」，由此也可以清楚地知道這一點。

「雨不要停，山再荒涼些，路再遠些……」

在這到處都是障礙的世界裡，障礙重重，卻能自由自在地生活，這是眞的嗎？要使所有的人都能理解不太容易，就讓我們透過這樣一個比喻來想像一下吧。

有個少年，每天都要獨自翻越一座山去上學。

有時在課外活動後回家，天色已晚，荒涼的山路令人害怕。夏天要頂著炎炎烈日，冬天要冒著漫天風雪。如果碰上下雨，山坡瞬間就水流如注變成了瀑布。

「啊，要是學校離家近一點那該多好……要是沒有這座山那該多好……」他痛恨遙遠的學校和難行的山路。

不久，從別的學校轉來一位美麗的少女，而且她與少年住在同一個村莊。從此，兩人總是一起上學放學，一路上談論學校的遙遠、山路的荒涼等等，成了很好的朋友。

有天，他們放學回家，剛出校門不久就遇上了陣雨，而且看起來不會很快就停。只有女孩帶著傘，於是只好兩人撐一把傘前行。

「雨不要停……山再荒涼一些……路再遠一些……那該多好。」少年一路上在心中暗自企盼。

他曾經那樣怨恨道路的遙遠、山路的荒涼；而現在，這些事情雖然沒有絲毫改變，卻不再爲之感到痛苦。從前的「障礙」似乎反而帶來了快樂。大概每個人或多或少都有過這樣的體驗吧。

在不自由的世界中盡享自由

現在再回到《歎異抄》第七章。

「天神地祇亦敬伏」，這並不是說因爲連天地諸神都對其敬伏，念佛者就會受到所有人的尊敬。如果知道身爲念佛者的聖人一生都備受誹謗中傷，其理不言自明。

那麼，又爲什麼說連天地諸神都敬伏呢？天神地祇敬伏的是破除苦惱根源（無明之闇）的彌陀誓願不可思議的力量，以及念佛者開顯彌陀誓願的堅定信念。

下一句的「魔界外道亦不能障礙」，也並不是說不會遇到災難及不幸，或者不會遭受外道或邪教徒的誹謗攻擊。而是說：念佛者獲得了「生而爲人眞好」的生命喜悅，不論遭受多大的嘲笑攻擊，都會毅然決然地全力弘揚彌陀的誓願。念佛者這種弘揚彌陀誓願的堅定步伐是任何人都無法阻擋的。

「唯念佛恩深，不恥人倫嘲。」（《教行信證》）

這就是四面楚歌的九十年生涯中，親鸞聖人得以如此激烈、嚴厲，獨自勇往直前的原因吧。

所謂「罪惡之業報亦不感」，就是說無論什麼樣的惡報，都不會影響彌陀的拯救。被彌陀所拯救的人會獲得無論何時死去都定能往生淨土的大安心，並且這個大安心不會受到任何惡報的影響。在遇到災難或不幸的時候，念佛者深知「種瓜得瓜，種豆得豆」，明白一切惡果都是自己造成的，從而深深懺悔自己種下的惡因。與此同時，又會為自己這受到任何報應都不為過的罪大惡極者，竟然得到彌陀不可思議的拯救，成為攝取不捨的幸福者而深感歡喜。

「細思彌陀之誓願，但為親鸞我一人！」就這樣，一切痛苦都轉化為懺悔和歡喜，所以說「罪惡之業報亦不感」。正是因為親鸞聖人同時得知了「必墮地獄」的眞實自己，以及使這樣的自己「定往淨土」的彌陀誓願，才會做出這樣的斷言。

悲傷與喜悅、不安與安心、災難與幸福……一切都轉化爲充實生命的純潔光輝。這樣的世界，是人爲努力的任何結果都無法企及的，所以說是「諸善亦不及，故曰無礙之一道也」。

在不自由的世界中得以盡享自由，這「無礙之一道」才是所有人追求不已的終極目的。

26

「如眾水入海一味」——人生目的萬人皆同

所有人共同的錯誤認知

「人生的目的是因人而異的。」

「不可能存在所有人共同的人生目的。」

一聽到這些言論，親鸞學子們一定都會想起那一場爭論。

據《御傳鈔》記載，親鸞聖人還在法然上人門下做弟子時，曾和法然上人的高足——聖信房、勢觀房、念佛房就同樣的問題發生過爭論。

聖信房等人主張，「我們不可能具有和法然上人同樣的信仰之心，這是理所當然的事情。師父被尊稱為『智慧第一的法然房』，我們怎麼可能和他具有同樣的信心呢？」由此可知，他們對法然上人是多麼的尊崇。

然而，親鸞聖人卻徹底否定了這些法友的觀點。聖人說道：「親鸞的信心與法然上人的信心完全一樣。這絕不是說我和師父的智慧、學問、才能等一樣。我說的是信心。」

聖人的主張使法友們大吃一驚，迷惑不解，他們隨即表現出強烈的不快，攻擊聖人是冒瀆師父的傲慢小人。這是因爲聖信房、勢觀房、念佛房三人根本就想不到還有與智慧、學問、經驗等無關的信仰之心。

這場爭論被稱爲「信心同異之爭論」，是親鸞聖人一生中的三大爭論之一。

爲什麼會在這裡想起這個爭論呢？我將在下文闡述，因爲「信心因人而異」的主張與「人生目的因人而異」的主張完全相同。

「人生目的，親鸞與法然上人完全相同」

所謂「信心」，原意爲「信仰之心」。說到「信仰」，一般會聯想到宗教信仰、思想信仰。所以，有些人也許覺得與自己沒有什麼關係。然而，從廣義上來說，「信心」

也可以說是對自己心靈支柱的相信或依賴：孩子相信父母，妻子相信丈夫；人們相信生命、健康、金錢、財產、名譽、地位等。事實上，我們不可能沒有心靈的支柱。如果不相信什麼，人就無法生活下去。所以，我們每個人其實都持有自己的「信心」。

有人相信自己的健康，有人相信金錢的力量，有人相信權力、名譽、地位能帶給自己幸福，也有人相信科學、醫學，或者某種思想。人之所信五花八門。並且，不僅相信的對象有所不同，「怎樣」相信更是依各自的智慧、學問、經驗的不同而各有所異。由於人們一般把各自視同生命般相信的事物說成是自己的「人生目的」，所以自然就會出現「人生目的（信心）因人而異」的看法。

聖信房、勢觀房、念佛房三人的主張，換個說法就是「法然上人的人生目的與我們的當然不會一樣。師父被讚譽爲智慧第一，我們怎麼可能實現與他一樣的人生目的呢？」。

但是，親鸞聖人卻不同意這種人生目的因人而異的主張，他針鋒相對地說道：「人生的目的，親鸞與法然上人是完全一樣的。這絕不是說我的智慧、學問、經驗等和師父一樣。我所說的，是做爲人出生到這世上的目的。」

「自力之信心」因人而異

法然上人給這場爭論做了結論：

所謂信心相異，乃自力信心之事也。即智慧各異故，信心亦各別。然他力之信心，無論善惡凡夫，皆受賜於佛。故源空之信心、善信房之信心，更無相異，乃同一也。非我賢而信。信心相異之人，斷不能前往吾將往之淨土。此應眞知切記。

——《御傳鈔》

法然上人一針見血地指出：信心之所以會不同，是因爲那些都是「自力之信心」。那麼，爲什麼自力之信心就會各不相同呢？這是因爲它建立在必將崩潰的人的智慧、學問、經驗等基礎上。

然而，這世界是多麼不公平啊。有聰明的人、也有愚笨的人；有善惡之分，也有高矮之別，沒有一個完全相同的人。同樣地，學問、才能、經驗等也是因人而異，千差萬別。在這些千差萬別的基礎上建立起來的自力之信心，只會是每個人自身的信心，而絕不可能是所有人都共同的。

有這樣一則故事：從前，有兩個人分別從山村和漁村來到城市遊覽，他們同住在一個旅館裡，發生爭執。來自山村的人說：「太陽絕對是從山背後升起來，再落到山背後。」來自漁村的人寸步不讓，針鋒相對地說：「胡說八道！太陽是從海上升起來，再落到海裡。這是我每天都親眼看見的。」這時，旅館老闆走過來，笑著說：「你們兩個都說錯了，太陽是從屋頂上升起來，再落到屋頂下面去的。」

同樣是鐘擺走動的聲音，據說有錢人聽起來像「存錢、存錢」；而借債人聽起來像「借錢、借錢」，好像連鐘表也在催促自己還錢。即使是同一種聲音，由於心情不同，聽起來的感覺也會不同。同樣地，由於智慧、才能、經驗等因人而異，而自力之信心又是建立在這種基礎上，所以其特性就是各不相同。

對此，法然上人說道：「所謂信心相異，乃自力信心之事也。即智慧各異故，信心亦各別。」

一般人所說的信心都是指這種自力之信心，所以信心因人而異就成為一種常識。誰也不知道還存在著一種所有人都相同的信心，這完全超出人們的想像。同樣地，人們也不認為會存在所有人共同的人生目的（信心）。越是自恃具有健全判斷力的人，就越是主張人生目的「因人而異」「各自不同，各自都好」。

「他力的信心」與「自力的信心」截然不同——法然上人的裁決

然而，法然上人卻令人震驚地指出，所有人共同的信心是真實存在的。在這段話中，法然上人自稱「源空」，提及親鸞聖人時則用了聖人當時的法名「善信房」。其文如下：

「他力之信心，無論善惡凡夫，皆受賜於佛。故源空之信心、善信房之信心，更無相異，乃同一也。」

法然上人首先明確指出：所有人能夠共同擁有的信心是「他力之信心」。他力之信心與智慧、才能、學問、經驗、善惡等無關，這是阿彌陀佛所賜予的信心。

接著，他斷然說道：「慈悲平等的佛賜予我們的信心不可能有所不同。法然的信心、親鸞的信心，都是佛所賜予的他力之信心，所以毫無區別，完全一樣。」

可以這樣比喻：儘管各個家庭的電視機有大小新舊等差別，但只要播放的是同一電視台的節目，其內容就不會有所不同。

我們在論述他力之信心時，使用「獲得」「獲」「得到」這樣的詞語，其原因也在於這是阿彌陀佛所賜予的信心。

最後，法然上人對容易理解錯誤的地方進行了耐心的說明，「法然的信心是與智慧、學問等無關的他力信心。自力信心的人去不了我要去的淨土。必須認眞體會『自力信心』與『他力信心』的不同之處。」

由此可知：能夠破除苦惱的根源，獲得「生而爲人眞好」的生命喜悅，實現人生目的，完全是依靠彌陀所賜予的信心。爲了揭示出這種「他力信心」的世界，親鸞聖人甚至不惜一切，勇敢地與法友們進行激烈的爭論。

聖人這樣說道：

凡聖逆謗齊迴入，
如眾水入海一味。

——《教行信證》

「獲得他力信心（即『齊迴入』）的人，都會完成同樣的人生目的，猶如百川入海，成爲一味。這與有無才能、健康與否，以及人種、職業、貧富等差異毫無關係，所有的人都能夠在同樣充滿喜悅的世界裡共生。」親鸞聖人用這句話明確地告訴我們：人生目的，是萬人皆同的。

27 人生目的與生存手段的分水嶺

極速圓融的「一念之拯救」

親鸞聖人所說的「一念」，有兩種含意。

其一是指實現了人生目的的世界——「無礙之一道」，這從本書第十一章開始就已闡述過。其二則是指彌陀拯救的速度之快。

親鸞聖人把彌陀的拯救形容爲「極速圓融」。「極速」，就是「極快」；「圓融」，就是「圓滿無缺」。如果拯救需要時間，就不能說是「極速」；如果拯救不夠完滿，就不能說是「圓融」。

「一念」者，斯顯信樂開發時剋之極促。

《教行信證》

「所謂『一念』，即完成人生目的之時。它是比幾億分之一秒還要短促的時間。」

在這裡，親鸞聖人把完成了人生目的、知道了自己只爲這一個目的而生，稱爲「信樂開發」；把完成人生目的時，無法用分秒去計算的極速稱爲「時剋之極促」。

這正是彌陀的拯救被形容爲「極速圓融」的原因。

那麼，彌陀的拯救爲什麼如此迅速呢？覺如上人這樣闡明：

如來之大悲，以短命之根機爲本。若以多念爲本願，生命刹那終結之無常迅速之機，焉能乘本願乎？故眞宗之樞要，以一念往生爲淵源。

——《口傳鈔》

「彌陀的慈悲十分徹底，將處於最壞的狀態，也就是瞬間之後就要去世的人做爲首要的拯救對象。如果拯救需要三秒，那就無法拯救生命只剩下一秒鐘的人。『一念』的拯救才是彌陀本願（誓願）所獨有的最重要的特徵。」

覺如上人甚至說：「眞宗之樞要，以一念往生爲淵源。」在佛教裡，沒有比「樞要」「淵源」更有分量的說法了。可見，親鸞聖人是何等強調一念的拯救（一念往生）。

荷花凋落時，即是浮起時

自古以來，就有人以「明來闇去、闇去明來」描述一念的快速。是光明先來黑暗後去呢，還是黑暗先去光明後到呢？哪一種說法都可以，但哪一種說法又都不正確。因爲那是無法用筆墨同時表達出來的。

爲了便於說明，親鸞聖人暫且將一念分爲「前念」和「後念」。並將一念解釋爲「前面的生命死去、後面的生命誕生的時刻」。他這樣闡述道：

信受本願，前念命終。
即得往生，後念即生。

——《愚禿鈔》

被彌陀拯救時，「前念命終」——懷疑自己能否得救之心（後生黑暗之心）死去；與此同時，「後念即生」——確知自己得救實為不可思議之心（後生光明之心）誕生。因此，「一念」就是依靠彌陀的力量，「同時體驗心的死亡和誕生」之時。

有人這樣比喻一念：「荷花凋落時，即是浮起時。」然而歸根究柢，這只能說是「不可稱、不可說、不可思議」的體驗吧。

覺如上人這樣表述彌陀拯救的一念。

一念拯救發起之際，即為迷妄終結、死亡之時。

——《執持鈔》

「無明之闇被破除之時，就是心死亡之時。」

他把後生光明之心誕生的時刻稱爲「一念拯救發起之際」。這時，苦惱的根源後生黑暗之心死去，所以叫做「迷妄終結、死亡之時」。

覺如上人還以極其出色的文字這樣闡述鮮明的一念之拯救。在這裡，他把長期痛苦折磨自己的罪魁禍首稱爲「生死流轉本源」，把無明之闇換稱爲「自力迷情」。

此娑婆生死之五蘊所成肉身❶，雖尚未破；然於共發金剛心之一念，得破生死流轉本源之自力迷情，歸屬於知識傳承之佛語。此即名爲「捨自力歸他力」，亦稱之爲「即得往生」。

——《改邪鈔》

❶五蘊所成肉身：由五種要素（色、受、想、行、識）構成的人身。

「在肉體生存之時，過去一直使自己痛苦的『自力迷情』死亡於獲得他力信心的一念之瞬間，此時即知道彌陀誓願是眞實的。這叫做『捨棄自力，歸入他力』，也叫做『得到往生』。」

明辨眞（人生目的）和假（生存手段）是在同一時刻

親鸞聖人一語道破：不可思議之一念是截然區分「人生目的」和「生存手段」的分水嶺。

由不知眞假，迷失如來廣大恩德。

——《教行信證》

「因爲不知道眞正的人生目的，所以感受不到『生而爲人眞好』的生命喜悅。」

「眞」是指「人生目的」，「假」則是指生活方式、愛好、目標等「生存手段」。

「不知眞假」，就是不能區分「目的」與「手段」；而「迷失如來廣大恩德」，即爲感受不到生命的巨大喜悅。

只有在無明之闇「死去」，辨別眞假之心「誕生」的「一念」之時，才會明白「眞」與「假」的區別。

比如說，在夢中遇見失火，爲了求生拚命地奔跑，卻被大火逼到樓頂，再也無路可逃。就在徹底絕望之際，夢醒了，驚出一身冷汗，這才知道自己是在做夢。在做夢時，根本不會知道是在夢中，更不會知道夢醒後的世界。只有從夢中醒來的時刻，才會同時分清夢幻與現實。

夢醒時，才會知道原來是在做夢。同理，明確得知「眞」的時候，才會知道「假」原來是「假」。所以，明確區分眞與假是在同一時刻。

在被如來廣大恩德所救攝的一念之時，就會感受到「人身難得今已得」的生命的歡喜，得知這才是人生的目的。同時，也會清楚地知道，原來生活方式、愛好、目標等其實都是實現人生目的的手段。

爲什麼即使移植器官也要活下去？爲什麼再痛苦也不能自殺？爲什麼說人的生命重於一切？眾多關於人生的理論之所以不能透徹地解答這些問題，就是因爲他們不能明確區分生存的「目的」和「手段」。

彌陀的誓願恰如一把鋒利的寶劍，將眞假人生在一念間截然分開。

親鸞聖人於「一念」得以知曉「眞」與「假」，明確了人生目的（爲什麼活著）與生存手段（怎樣活著）的區別，從此他懷著對如來廣大恩德的感激之情，堅強地度過了波瀾萬丈的一生。

28 實現人生目的後的親鸞聖人

三十一歲時，毅然決然食肉娶妻，顛覆了傳統

從右翼評論家到左翼思想家，不分宗系黨派，都對親鸞聖人讚不絕口。然而，親鸞學子們卻很擔心，他們是否眞正了解聖人呢？人們大多覺得聖人和藹可親，其實這並非他的全貌。聖人的眞實形象一直不爲世人所知，其教義也總是受到極大的誤解。

親鸞聖人具有令人難以抗拒的魅力，而他的言行又極其嫉惡如仇，絕不妥協。他的容貌看起來飽經風霜，字跡猶如刀刻般鋒利，這些都可以說是聖人性格的典型表現。他激烈、嚴峻的性格在言行中表現得尤爲顯著，卻幾乎不爲世人所知曉。

聖人在三十一歲時斷然食肉娶妻，完全顛覆了禁止僧侶結婚的傳統。這一行爲自

然引起了佛教界的軒然大波。而聖人對他們的回應則是：

「此世所謂本山、本寺之高僧、法師，甚厭之。」

聖人毫不顧忌地坦言，我非常討厭世間那些所謂名門寺院裡的「高僧」「大德」們。

親鸞聖人平時性情溫和，然而一旦發生歪曲佛法這種事關多生永劫的問題時，就會表現出毅然決然的態度。這種執著而激烈的信念引發了他和法友的多次爭論。當他還在法然上人門下時，就和法友善惠房圍繞「活著的時候能否往生」的問題展開過爭論，聖人堅決主張「活著的時候就能往生」。這做為聖人一生中的三大爭論之一流傳至今。後來，那些懷恨在心的法友們攻擊他背叛恩師、自立學說，是一個「背師自立」的厚顏無恥之徒，使他陷入孤立的境地。

被流放越後的眞正原因——一向專念無量壽佛

親鸞聖人在三十五歲時曾被流放越後，這件事雖然廣爲人知，但其眞實原因卻很少有人知曉。

其實，最主要的原因是由於親鸞聖人強調釋迦牟尼佛出世本懷——「一向專念無量壽佛」，教導人們拋開其他一切諸佛、菩薩、諸神，只相信阿彌陀佛一佛。尤其是對諸神的排斥，激怒了視日本爲神國的當權者及其勾結者，他們把親鸞聖人視爲擾亂社會秩序的惡魔，判處其死刑。幸虧九條兼實公❶從中斡旋，才改爲流放偏遠之地。

主上、臣下，背法違義，成忿結怨。

——《教行信證》

「從天皇到臣子，都在違逆佛法、踐踏正義、任怒而爲、犯下大罪。這是多麼殘暴的行徑啊！」

在橫行霸道的後鳥羽上皇的淫威下，恩師法然上人被流放，幾位法友被處以死刑。親鸞聖人義憤填膺，爆發出如此激烈尖銳的批判。

❶九條兼實公（一一四九至一二〇七）：曾任關白之職，輔佐天皇。敬重法然上人。

事情的起因是這樣的：有流言說，在後鳥羽上皇離開京都前往熊野神宮參拜期間，法然門下的安樂房等二人以宣揚佛法爲藉口，進入宮中，與女子私通。上皇聽信謠言，爲洩私憤，欲懲辦安樂房等人。而安樂房當面痛斥上皇，「不幸的不是我，而是你們！迫害堅守眞實佛法之人，你們一定會墮入地獄，永生永世痛苦不絕。」上皇怒不可遏，命令在六條河原將安樂房等人斬首。

「那些流言根本就是無稽之談！就算是眞的，讓眾多女人侍奉自己的人有什麼資格如此發怒？安樂房的氣憤理所當然！」在親鸞聖人眼裡，不存在任何權威。

這個時候，當權者給予他的，既不是紫色的袈裟，也不是大師的尊號，而是罪犯的囚衣和流放的惡名。

斷不可思以余人（爲政者）爲緣，弘揚念佛。

——《御消息集》

「絕對不要幻想借助爲政者的力量弘揚佛法。」

親鸞聖人在其晚年的書簡中明顯流露出厭惡當權者的情緒。大概是因爲當權者的所作所爲讓他實在無法容忍吧。

在流放地忍受了五年的風霜雨雪後，親鸞聖人來到關東。在關東，山僧弁圓視聖人爲不共戴天之敵，幾次在山上伏擊未遂，最後持劍闖進聖人所居的草庵。

據《御傳鈔》記載，「聖人從容不迫出來與之相見」，毫無畏懼地面對劍鋒。從這件事也可以看出，親鸞聖人的性情何等凌厲激烈、勇敢豪邁。

「如果我置身於弁圓的處境，肯定也會去追殺。無論是殺還是被殺、恨還是被恨，都可以成爲弘揚佛法的因緣。」感受到親鸞聖人這種悲憫對手的偉大信念，弁圓終被彌陀所救攝，得獲新生，並更名爲明法房。

「我死之後，扔到賀茂河裡餵魚吧！」

敬仰親鸞聖人的人很多，但知道他曾嚴厲駁斥外道、邪教，甚至佛教其他宗派的人卻似乎很少。因爲許多人都說「親鸞聖人討厭對別人的信仰進行批判」。

九十五種皆汙世，唯佛一道獨清淨。

——《正像末和讚》

「世上雖有很多宗教，但都是汙世之物，唯有佛法才是眞實。」聖人把一切宗教統稱爲「九十五種」，並且毫不猶豫地斷言它們全都是在玷汙世間，只有佛法才是眞實的。這是多麼痛徹的批判！

類似的斷言在《教行信證》裡還有很多，如「教誡外教邪僞異執」（批判世上宗教的錯誤），但是誰也不去論及這些。

親鸞聖人嚴峻的目光不僅投向外道邪教，而且也投向了佛教其他宗派。

然末代道俗、近世宗師，沉自性唯心，貶淨土眞證。

——《教行信證》

「然而，甚至連開闢一宗一派的那些人（最澄、空海、道元、日蓮），也認爲彌陀及其淨土即為我心。他們將彌陀及淨土在心之外的主張貶低為幼稚的教義，毀謗了眞實的佛法。」親鸞聖人的抨擊異常猛烈、鋒芒逼人。

比叡山、南都（奈良）的華嚴宗、天台宗、眞言宗自不待言，就連攻擊法然上人的明惠、解脫以及榮西等當時日本佛教界的領袖，都統統被親鸞聖人抨擊為「不知眞實佛教之輩」。

而且，聖人對其他一切僧侶、儒教信徒的抨擊也毫不留情，「今天的佛教已經完全衰敗。雖然寺院林立、僧侶眾多，但盡是些對佛教一無所知的人。信奉儒教的人也很多，他們甚至連正道與邪道的界線都分不清。眞正興旺的，難道不是只有淨土眞宗嗎？」

他這樣寫道：

竊以，聖道諸教，行證久廢；淨土眞宗，證道今盛。然諸寺釋門昏教兮，不知眞假門戶；洛都儒林迷行兮，無辨邪正道路。

——《教行信證》

不僅如此，對於只信彌陀一佛、一心念佛的法然門下的法友，聖人也進行了冷徹的批評。

迷定散自心，昏金剛眞信。

——《教行信證》

「他們雖然是在念佛，卻因無明之闇未被破除，而不知曉金剛般的眞實信心。」晚年，回到京都的聖人面對不惜身命前來的關東法友，斬釘截鐵地表明了自己鮮明不動的信念——「縱因念佛而墮地獄，亦絕無後悔」，最後說：

從今而後，取念佛信之，抑或捨而別求，任由各自抉擇。

——《歎異抄》

「捨棄念佛也罷，信奉念佛也罷，悉聽尊便！」從這句話中，甚至能感覺到一種殺氣。

聖人這種爲了正確傳播彌陀誓願，近乎無情的嚴峻堅決至死都未改變。

親鸞倘閉眼，當棄之賀茂河與魚也。

——《改邪鈔》

「我死之後，扔到賀茂河裡餵魚吧！」

「獨生獨死，獨去獨來」——獨自勇往直前的親鸞聖人

世人罵他是食肉娶妻的花和尚，當權者將他定罪流放越後，同門法友非難他是「背師自立」的傲慢和尚，弁圓將他視爲仇敵……對於這些來自四面八方的攻訐，親鸞聖人予以猛烈的還擊：

你們才是

「違逆佛法的當權者」，

「不懂佛法的僧人」，

「不分善惡的儒者」，

「不明金剛眞信之輩」。

並且意氣軒昂地宣言，「淨土眞宗現在最爲興旺。」

這是何等嚴峻、自信，充滿無所畏懼的勇氣。

他力，就是如來不可思議的威神力。親鸞聖人獨自勇往直前的一生，正顯示了阿彌陀佛所賜的「他力信心」之無堅不摧。

忙忙碌碌的現代人總是希望逃避現實，過一種行雲流水般悠然自適的生活。他們如果知道親鸞聖人的人生態度，恐怕會驚嘆於他的堅強和剛毅。

然而，聖人不得不因爲他的剛直不阿而承受世人猛烈的責難。人們謾罵他是佛教的宿敵、破戒的花和尚、惡魔、狂人，法友也譴責他是「背師自立」的忘恩負義之徒，最後，他還被流放於偏遠之地。

但是，對於聖人來說，唯有彌陀本願才是自己的生命，正確地傳播本願才是一切。在聖人的一生中，最能顯示出他的護法精神的，是在遭受住宅毀於火災的不幸後，與長子善鸞斷絕父子關係一事。

建長八年❷五月二十九日，八十四歲的聖人不得不給遠在關東傳法的五十歲的長子善鸞寄去斷絕關係書。善鸞詭稱「父親曾於深夜單獨授我祕法」，並且違背教義，向神祈禱，占卜吉凶。聖人斷不容許親生兒子這樣踐踏佛法，曾經多次予以勸阻，但善鸞卻全然不知悔改。最終，聖人不得不做出如此斷腸之舉。

如此可悲，夫復何言！吾今已不爲汝父。亦斷不以汝爲子。悲哉。

——（義絕狀）

❷建長八年：即西元一二五六年。

「可悲啊！我已無話可說。從今以後我不再是你的父親，也不再認你爲我的兒子。唯有悲痛而已！」

聖人在極度苦惱中寫成的這封殉教般的絕情書，大概讓不少人都深受感動吧。而除了先前的種種責難之外，對這件事的嘲笑、謾罵又如狂風暴雨般向他襲來：「破壞家庭，這算什麼佛法？」「連自己的親生兒子都不能引導，還妄談拯救他人，眞是滑天下之大稽！」也許，這是理所當然的。聖人應該清楚地知道，自己做爲破壞家庭的罪魁禍首，必然會招來世人的反感。

聖人這種嫉惡如仇、絕不妥協的精神，即使到了老成圓通的晚年也絲毫沒有改變。在視寬容爲美德的人眼裡，他的言行一定是難以容忍的。

但是，如果親鸞聖人耽於父子親情，對善鸞的言行採取默許的態度，那麼幾億兆人就會無法得遇眞實的拯救。這種嚴峻、堅決的態度完全是爲了引導人們實現共同的人生目的。

「假令身止，諸苦毒中，我行精進，忍終不悔。」（無論遇到什麼樣的苦難，都絕不後悔。）

聖人的堅忍，令親鸞學子們感動涕零。細想起來，恐怕沒有人像親鸞聖人這樣孤獨一生。他的生涯名副其實是「獨生獨死、獨去獨來」。

弘長二年❸十一月二十八日，親鸞聖人在京都城內的萬里小路東回歸淨土，享年九十歲。據說弟子中只有顯智、專信，親人中只有第五子益方、第七子覺信尼爲其送終。

這樣的臨終，也許正恰當地體現了獨自勇往直前的親鸞聖人的一生。

合掌

❸弘長二年十一月二十八日：即西元一二六三年一月十六日。

後記

人爲什麼活著？

人生的目的是什麼？

親鸞聖人的回答簡潔明快。

「人生的目的不是錢財，也不是名譽或者地位，而是斬斷人生苦惱的根源，得到『生而爲人眞好』的生命喜悅，活在未來永恆的幸福裡。」

這也被稱爲「得到攝取不捨之利益」或「無礙之一道」。

《教行信證》一書始於「慶哉」、終於「慶哉」，全篇洋溢著光輝躍動的生命喜悅。這正是聖人達成了人生目的的熾熱法悅。

「爲什麼不能殺人？」面對孩子的提問，人們無言以對、驚愕退縮。無論成人還是孩子，所有人的不幸都在於感受不到生命的喜悅。

「人生有意義嗎？」「痛苦的人生也有活下去的價值嗎？」人類陷入更深的困惑。在一片迷惘中，親鸞聖人「活著是多麼美好……」的呼喊更顯得高亢洪亮。爲什麼移植器官也要活下去？爲什麼不能自殺？爲什麼說人的生命重於一切？如果生命的尊嚴得以彰顯，所有關於人存在意義的疑團都會冰消雪融，必將強而有力地推動各種問題的解決。

當然，聖人也指明了實現人生目的的道路。因本書著重論述人生目的的確切存在，故未能涉及，望讀者諒解。

在此，且以一言蔽之：

當明白人生目的之時，一切痛苦都將具有意義；

當爲此目的而活之時，一切努力必將得到回報。

附錄：註釋

二十四頁：譯自日文版《善惡之彼岸・道德的譜系》（信太正三譯）。
三十一頁：引自二〇〇四年四月十四日《中國青年報》。
三十一頁：引自二〇〇四年六月十八日《中國青年報》。
四十五頁：引自二〇〇六年十一月二十二日《重慶晚報》。
四十六頁：譯自《人類的親密歷史》（希歐多爾・澤丁著）。
四十六頁：譯自日文版《自殺論》（宮島喬譯）。
四十六頁：譯自日文版《思想錄》（前田陽一、由木康譯）。
五十四頁：譯自日文版《神曲》（壽岳文章譯）。
五十八頁：譯自日文版《幸福論》（草間平作、大和邦太郎譯）。
五十九頁：譯自日文版《少年維特的煩惱》（高橋義孝譯）。
六〇頁：譯自日文版《雷諾瓦》（高階秀爾監修，柴田都志子、田邊希久子譯）。

六十二頁：譯自日文版《神曲》（壽岳文章譯）。

六十五頁：譯自日文版《浮士德》（高橋義孝譯）。

七〇頁：譯自日文版《做爲意志和表象的世界》（西尾幹二譯）。

七十四頁：譯自英文版《存在與虛無》（黑澤爾・E・巴恩斯譯）。

七十四頁：譯自日文版《查拉圖斯特拉如是說》（手塚富雄譯）。

九十一頁：譯自英文版《我的世界觀》（阿蘭・哈里斯譯）。

九十四頁：譯自《宗教經驗多樣化》（威廉・詹姆斯著）。

九十八頁：日本演歌歌詞。星野哲郎作詞，都春美演唱。

一一九頁：譯自日文版《懺悔》（中村白葉、中村融譯）。

一一九頁：譯自日文版《思想錄》（前田陽一、由木康譯）。

一七一頁：譯自《人論》（恩斯特・卡西爾著）。

一七四頁：譯自日文版《致死的疾病》（桝田啓三郎譯）。

一八二頁：日本演歌歌詞。星野哲郎作詞，水前寺清子演唱。

二〇八頁：譯自日文版《現在與未來》（松代洋一編譯）。

二八二頁：譯自日文版《社會契約論》（井上幸治譯）。

衆生系列 JP0215

人，爲何而生？爲何而活？
人生的大哉問——人為何而活？是你無法逃避的生命課題！
なぜ生きる

作　　者／高森顯徹、明橋大二、伊藤健太郎
譯　　者／《人，爲何而生，爲何而活》翻譯組
責任編輯／陳芊卉
業　　務／顏宏紋

總 編 輯／張嘉芳
出　　版／橡樹林文化
城邦文化事業股份有限公司
104 台北市民生東路二段 141 號 5 樓
電話：(02)2500-7696 ext 2738　傳眞：(02)2500-1951
發　　行／英屬蓋曼群島商家庭傳媒股份有限公司城邦分公司
104 台北市中山區民生東路二段 141 號 2 樓
客服服務專線：(02)25007718；25001991
24 小時傳眞專線：(02)25001990；25001991
服務時間：週一至週五上午 09:30 ～ 12:00；下午 13:30 ～ 17:00
劃撥帳號：19863813　戶名：書虫股份有限公司
讀者服務信箱：service@readingclub.com.tw
香港發行所／城邦（香港）出版集團有限公司
香港灣仔駱克道 193 號東超商業中心 1 樓
電話：(852)25086231　傳眞：(852)25789337
馬新發行所／城邦（馬新）出版集團【Cité (M) Sdn.Bhd. (458372 U)】
41, Jalan Radin Anum, Bandar Baru Sri Petaling,
57000 Kuala Lumpur, Malaysia.
電話：(603) 90563833　傳眞：(603) 90576622
Email：services@cite.my

內文排版／歐陽碧智
封面設計／丸同連合
印　　刷／漾格科技股份有限公司

初版一刷／ 2023 年 7 月
ISBN ／ 978-626-7219-39-3
定價／ 480 元

城邦讀書花園
www.cite.com.tw

國家圖書館出版品預行編目（CIP）資料

人，為何而生？為何而活？人生的大哉問──人為何而活？是你無法逃避的生命課題！／高森顯徹、明橋大二、伊藤健太郎著；《人，為何而生，為何而活》翻譯組譯．-- 初版．-- 臺北市：橡樹林文化，城邦文化事業股份有限公司出版：英屬蓋曼群島商家庭傳媒股份有限公司城邦分公司發行，2023.07
面；　公分．--（衆生系列；JP0215）
譯自：なぜ生きる
ISBN 978-626-7219-39-3（平裝）

1.CST: 生命哲學

191.91　　112008432

廣　告　回　函
北區郵政管理局登記證
北 台 字 第 10158 號

郵資已付　免貼郵票

104 台北市中山區民生東路二段 141 號 5 樓

城邦文化事業股份有限公司

橡樹林出版事業部　收

請沿虛線剪下對折裝訂寄回，謝謝！

|橡|樹|林|

書名：人，為何而生？為何而活？書號：JP0215

人生的大哉問──人為何而活？是你無法逃避的生命課題！

橡樹林文化

讀者回函卡

感謝您對橡樹林出版社之支持，請將您的建議提供給我們參考與改進；請別忘了給我們一些鼓勵，我們會更加努力，出版好書與您結緣。

姓名：＿＿＿＿＿＿＿＿ □女 □男 生日：西元＿＿＿＿＿年

Email：＿＿＿＿＿＿＿＿＿＿＿＿＿＿＿＿＿＿＿＿

●您從何處知道此書？

□書店 □書訊 □書評 □報紙 □廣播 □網路 □廣告 DM

□親友介紹 □橡樹林電子報 □其他＿＿＿＿＿＿＿

●您以何種方式購買本書？

□誠品書店 □誠品網路書店 □金石堂書店 □金石堂網路書店

□博客來網路書店 □其他＿＿＿＿＿＿＿

●您希望我們未來出版哪一種主題的書？（可複選）

□佛法生活應用 □教理 □實修法門介紹 □大師開示 □大師傳記

□佛教圖解百科 □其他＿＿＿＿＿＿＿

●您對本書的建議：

＿＿＿＿＿＿＿＿＿＿＿＿＿＿＿＿＿＿＿＿＿＿＿＿＿

＿＿＿＿＿＿＿＿＿＿＿＿＿＿＿＿＿＿＿＿＿＿＿＿＿

＿＿＿＿＿＿＿＿＿＿＿＿＿＿＿＿＿＿＿＿＿＿＿＿＿

非常感謝您提供基本資料，基於行銷及客戶管理或其他合於營業登記項目或章程所定業務需要之目的，家庭傳媒集團（即英屬蓋曼群商家庭傳媒股分有限公司城邦分公司、城邦文化事業股分有限公司、書虫股分有限公司、墨刻出版股分有限公司、城邦原創股分有限公司）於本集團之營運期間及地區內，將不定期以MAIL訊息發送方式，利用您的個人資料於提供讀者產品相關之消費與活動訊息，如您有依照個資法第三條或其他需服務之務，得致電本公司客服。

我已經完全了解左述內容，並同意本人資料依上述範圍內使用。

＿＿＿＿＿＿＿＿＿＿＿（簽名）

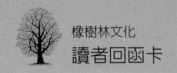